湛庐文化 Cheers Publishing
a mindstyle business
与 思 想 有 关

THE RUNNER'S RULE BOOK

跑步的197条守则

[美] 马克·里米（Mark Remy）◎著
苏妍如◎译

EVERYTHING A RUNNER NEEDS TO KNOW, AND THEN SOME

浙江人民出版社
ZHEJIANG PEOPLE'S PUBLISHING HOUSE

各方赞誉

每个人都对自己的命运有无穷的期盼，试图创造生命的意义。跑步是一个完整的体验，也是一个学会参与、磨砺坚韧、尊重生命、把握自己的过程。在湛庐乐跑人生系列图书中，众多世界顶级跑者将自己丰富的经验跟大家分享，而这些都将为拥有不同能力和不同经验的跑者开启一个可以提高成就的新视野。

王　石

万科集团董事会主席

每个人都能成为跑者，但要想成为一名真正的马拉松跑者，必须有勇有谋。湛庐乐跑人生系列图书以其系统性、专业性、权威性，如师亦友般陪伴我们站到起跑线上！

毛大庆

UrWork（中国）创始人，万科集团原高级副总裁

在竞争激烈的当代中国，跑步是一个众人关注的话题。大家都希望通过跑步提高生命和生活质量。不管你是希望通过跑步强身健体，还是完成个人“初马”

目标，湛庐乐跑人生系列图书都会给予你及时的帮助和指导，让你能够从容面对。

魏江雷

新浪高级副总裁

跑步作为最古老的运动项目，同样需要专业知识来指导，否则跟其他激烈运动项目一样易于造成伤病。湛庐乐跑人生系列图书汇集了跑步专业领域里最知名的专家和践行者，他们提供的科学方法以及先进理念，会有助于跑友们培养健康的跑步习惯、规避伤痛，在人生道路上跑得更长、更远！

张　涛

探路者集团副总裁兼任体育事业群总裁

当我跑过36个马拉松之后，一直想着能不能找到一种更好的训练方法来提升奔跑速度，让我在有生之年能够达标波士顿马拉松赛的成绩门槛。湛庐乐跑人生系列图书蕴含了大量提高跑步能力的宝贵知识。我认为，这套跑步书对于尚处于爆发期的中国跑者来说，一定是有冲击力的，也是让人耳目一新的。

田同生

北京略博咨询公司执行董事

无论是疯狂喜欢跑步却不知如何提高的初跑菜鸟，还是已创高峰仍想精益求精的跑界高手，都希望拥有切实帮助自己提高的理论依据。湛庐乐跑人生系列图书也许会是最好的选择，无论你属于哪个群体，都能找到适合自己的那一款。只凭自己实践总结，费时长，心里也没底；有了这套书，也许就能事半功倍。相信我，这是一套对中国跑步事业有着革命意义的书籍。

于　嘉

中央电视台体育评论员

The RUNNER'S RULE BOOK

中文版序

天下跑友是一家

当我听说《跑步的 197 条守则》即将要在中国出版时，我既感到惊讶又荣幸。我在 2009 年撰写本书时，从没想过这本书会给美国以外的读者阅读，更不要说中国了。我真的很开心！

一想到我写下的那些“守则”不止适用于一种文化，甚至跨越了半个地球，我就有一种特别的满足感。我发现，跑步是全世界的语言，就像音乐、爱情一样。无论你在哪里跑、怎么跑、为什么跑 ...... 只要你是个跑者，你就是全球跑者大家庭中的一员。这也是运动带给我们的美妙体验之一。

顺便说一下，尽管我跑步的时候很严肃，但我本人并不严肃，从本书中你就能看得出来。当然，《跑步的 197 条守则》给出了很多真实、有用的信息，但这本书的本意是用幽默让你开心一下。

也就是说：我希望我的笑话没有在翻译后失去笑点。

祝你阅读愉快！跑得开心！

2015 年 5 月

于俄勒冈州波特兰

献给莎拉（Sarah），我的妻子和最好的朋友，

献给我的父亲和母亲。

引言

跑步很简单

跑步很简单，而这正是它的魅力所在。你不需要满屋子的昂贵装备，也不需要凑齐一队队员。你不必预定场地，也无须事先约定开球时间。跑步甚至不需要太多的技巧，实际上，它只是一种原始本能。没有什么运动比跑步更简单了。

诚然，跑步也有很多规则，当然它们并不是针对跑步这个动作本身制定的。仅把跑步作为一个动词来说，你需要记得的规则只有以下几点：

- 把你的腿向前移（一定不要在跑步机上向后跑）。
- 在某个时间点，两脚同时离地（否则，你就是在走路、散步、跨步，或者溜冰，如果你碰巧在冰上的话）。
- 不要撞到东西，比如车辆、雕像、灯柱、篱笆、仙人掌、动物，也不要踩到坑里或河里。

牢记这些规则，你就已经入行成为跑者了。

事情当然没那么简单！这本书的初衷，就是把“跑步”作为名词来讲述跑步的规则。（更确切点儿，用那些食古不化的编辑喜欢的说法：动名词。）本书是关于跑步这一行为的，显然也关于每个跑者迟早会碰到的一些行为规范和影响其决策的准则。

我们聊的是那些我们都曾经历过的、面对抉择时的那种患得患失：我应该排在靠前还是靠后的位置？（第104页）当我碰到特邀运动员时我该说些什么？（第76页）那个司机是不是想撞死我，如果是的话，我能不能朝他竖个中指？（第54页）当然，最经典的是：我会对那些在32公里处像僵尸一样踉踉跄跄的跑者说什么？（答案是：你真棒！）（第106页）

只要你穿上跑鞋，就不可避免地会遇到一些窘境。

把本书当作一本指南——这也是目前为止唯一一本收集了关于跑步的点点滴滴的手册：有些来自杂志文章，有些来自网上的博客，还有很多是散落在各处、在跑者之间代代相传的小贴士。

这里的守则只有少量是以经典的“要 / 不要”句型来写的，更多则是宽泛的、指导性的建议。它们也不是被列在《美国田径竞赛守则》（*USA Track & Field Competition Rules Book*）中的守则。比如，在这里你不会找到关于“美国田径协会

（USATF）认可的路跑赛事应该用哪种发令枪”的指南[①]。

另一方面，你在《美国田径竞赛守则》中也不会找到一条像“有屁就放，少啰嗦！”（第 10 页）这样的守则。所以，让我们开始吧！

不管怎样，我希望这本《跑步的 197 条守则》对你有用。同时，我希望你读得开心！因为对我而言，跑步的第一条守则就是：

跑得开心！

① 如果你感兴趣的话，我可以告诉你：是那种口径不小于 0.32，能发出明显闪光或者烟雾的枪。

使用本书的三个规则

1. 理解守则存在的意义。守则的存在是为了让我们的生活更轻松。让跑步——从某种意义上来说是让这个世界，变得更快乐、更健康、更少烦恼。对大家都是如此。

2. 常识为先。一旦你觉得遵守某项守则让你非常为难，或对你的财产或名誉有所损伤，或让你非常痛苦或危害到生命，甚至严重破坏所在社区的准则，那么，打破这项守则吧，用你自己的头脑去判断！

3. 迷茫的时候想想，“普利”会怎么做？如果你不知道谁是“普利”，可以先看看守则1.10。

The RUNNER'S RULE BOOK

目录

扫描二维码，
加入湛庐文化读者群，与庐客们一起，
分享跑步经历，用科学的方法，乐跑人生。

The RUNNER'S RULE BOOK

入门

如何做一只合格的菜鸟？

包括从精英到屌丝，从防晒到训练计划的各种贴士和箴言的大集合。比如，让陌生人帮忙涂润肤油的风险，等等。

扫码“庐客汇”二维码，回复“跑步守则”，
抢先获取跑步“黑话”，做一只专业的菜鸟。

守则 1.1

Everything a runner needs to know, and then some

跑得开心！

这是跑步的第一守则。你觉得我是在开玩笑吗？不，我很严肃。

在你傻笑着翻过这页之前，请用心牢记这条守则。这是跑步中最基本和最重要的一点，没有这一条，之后的其他守则都没有意义。也没有哪一条守则像这条这么重要却又容易被忽略：跑得正确，跑得开心！

实际上，就算跑得不是很正确，你依然会很开心（就像动物的原始冲动），这是一种释放人类天性的快乐，也是一种当人在前进时所产生的基本快感。

如果你不相信，就花几分钟时间观察一个孩子或者一条小狗在空地上的行为吧，他们的快乐是发自肺腑的、纯粹的。我相信这就像亚里士多德曾说过的："孩子，像我们一样上路吧，我们天生就是为了跑。"无论如何，只要始终记得这条基本守则，你就成功了一半。

跑步是一件有趣的事。放任天性，享受它，毕竟我们再也没有其他可以在公共场合释放，而又不会被抓起来的动物本能了。

守则 1.2

Everything a runner needs to know, and then some

拓展你对乐趣的定义

这一条是对守则 1.1 的推论。作为一个跑者，你得拓宽自己对乐趣的定义，尽管此前大家认为的乐趣通常是去水上乐园游玩、看搞笑的喜剧片、做手工之类的事情。

对一个跑者来说，乐趣还有：

- 早上 5：30 起来拉个 16 公里；
- 跑步的时候把心率推高；
- 在雨中奔跑耍帅；
- 在 400 米的操场上频频刷圈；
- 体验肺都快炸了的感觉；
- 花钱参加比赛，即有机会赢得“黑趾甲勋章”；
- 以及上述多项的组合。

守则1.3

Everything a runner needs to know, and then some

耐心！耐心！

缺乏耐心是跑者最棘手的问题，这体现在跑步的每一个方面。当你在谈及训练（总想在短期内多跑）、比赛（太早参加比赛）、买鞋（看到喜欢的就入手）、营养（选择一碗带果酱馅饼的燕麦片）时，要知道快并不是捷径。所以，深呼吸，三思，作出正确的选择。

耐心有好服！

Note

守则 1.4

Everything a runner needs to know, and then some

黑趾甲是你的荣誉勋章

只要跑的距离够长，最后你总会黑掉一两个趾甲。这是跑者必须付出的代价。

不管是因为你的鞋太大或太小，还是因为你跑了一场有很多下坡的比赛，又或者只是因为你的脚趾甲老弟心情不好，某一日你脱下袜子时就会发现——原本粉嫩的趾甲盖变成了黑色。

恭喜你！这些瘀青（很可能是瘀血）的趾甲是表彰你坚持到底的一座座小奖杯。它们是你的紫青荣誉勋章。

不过你并不需要把这些“勋章”秀给每一个人看。经验法则是：在大部分人员都是由跑者组成的团体中，你可以穿着露脚趾的鞋（除非是正式场合）。

否则，就把你惊悚的脚趾甲收起来。

守则 1.5

Everything a runner needs to know, and then some

留心脚下

大部分对跑步的赞美（客观地说，也包括本书）似乎说的都是在理想状态下的跑步。为什么不呢？越过地球表面，迈步向前，在没有坑坑洼洼、没有垃圾、没有狗屎的路面比赛多有诗意啊！

悲哀的是，我的职责是告诉你，没有如此完美的跑步乐园（即便在一个所谓的乐园里，我怀疑你也得躲开天上掉下来的冰激淋，或者玩过山车的长龙）。在现实世界跑步时总会遇到需要跳过、绕开、躲让一些东西的情况。

为什么？因为大家会向车外扔东西：瓶子、鞋子、电池……我有一次差点儿踩到一把坏了的壁球拍。更不要说大自然在你面前留下的那些杂物了，从松果到石块，甚至有些你都不知道是什么。千万不要因为踩到这些东西而摔跤。

记住：小石子也会酿成大祸，只要这颗小石子正好在你脚下。

守则 1.6A

Everything a runner needs to know, and then some

与慢者为善

与比你慢的跑友一起跑步时，要有礼貌——特别是当你受对方的邀请与他一起跑步时。为了防止不自觉地加速，一种方法是每次只跨半步，另一种则是一直跟在他后面。

一个文明的跑者绝不会拿速度来挤兑比他跑得慢的人。

守则 1.6B

Everything a runner needs to know, and then some

……除了比赛之外

当然，在比赛中，你完全可以肆无忌惮地用速度来打败比你跑得慢的人。实际上，这也只是比赛中一半的乐趣。另一半是，别忘了保持微笑。

或者，至少做个鬼脸吧！

守则 1.7

Everything a runner needs to know, and then some

少一点儿感应[①]，你会跑得更快

那个家伙冲你按喇叭了吗？那辆大卡车真的想把你赶出马路吗？那一车的年轻人在嘲笑你（夜跑）的反光背心吗？

或许是，也可能完全不是。

也许那家伙是在冲别的司机按喇叭，也许那辆卡车只是想躲开一只松鼠或其他行人。年轻人可能一天到晚都爱笑，甚至洗澡、睡觉的时候也会笑着。

关键是，在马路上跑步时千万别这么敏感，也别立刻把所有的喇叭声、眼神、动作、话语解读为对你的轻蔑。

正常情况下也就算了，但此时你没穿多少衣服、心脏正受到剧烈冲击，还想象着这些车辆像碾碎一只小虫似的把你撞翻。这也是在浪费自己的精力，特别是在你跑步的时候。即便那家伙确实是在冲你按喇叭，那又怎样？你的血压飙升……又是为了什么呢？

来吧，放松点，你会跑得更好。

---

① 跑步时脚上计时芯片的感应，那是没问题的。

守则 1.8

Everything a runner needs to know, and then some

别再开杰克·丹尼尔斯的玩笑了

杰克·丹尼尔斯（Jack Daniels）博士是著名的跑步教练，也是超级有影响力的跑步书《丹尼尔斯经典跑步训练法》（*Daniel's Running Formula*）[①] 的作者。同时，杰克·丹尼尔斯也是一个热销的发酵麦芽威士忌品牌。

那些自以为聪明的人很难忽略这层关系。不过，拜托，我们早就听过很多遍了。

第一个发现两者之间关系的人很可能是那个在出生证明上写丹尼尔斯名字的办事员。就算在当时，这也一点儿都不好笑。

而关于“法特莱克”的玩笑，却从来不会过时（第 165 页）。

① 丹尼尔斯在本书中会全程指导你的跑步训练，中文简体字版已由湛庐文化策划、浙江人民出版社出版。——编者注

守则1.9

Everything a runner needs to know, and then some

有屁就放，少啰嗦！

首先，我们来看一些事实：

- 跑者倾向于吃大量的健康食品，包括很多水果、蔬菜、淀粉类食物，等等。
- 这些食物会在肠胃中制造气体。
- 这些气体不可能永远留在肠胃中，
- 特别是当肠胃被刺激和挤压之后，
- 比如做一组跑步运动。

你明白我想说什么吗？

在跑步中放屁不用感到不好意思，这是健康的表现，也是不可避免的事情。如此，就有了下面这些行为准则：

- 你不能嘲笑其他放屁的跑者，除非他以前曾因同样的理由嘲笑你，或者他带头自嘲。
- 如果有跑者明显因为憋屁而感到痛苦，礼貌的做法是假装什么事都没发生。

- 想象你释放的屁正在推动你前进也很有意思，就像火箭推进器的工作原理一样。这不算是什么行为准则，对吗？好吧，这条当我没说过。
- 团队跑步时的第一放屁准则：如果你跟其他团队成员的关系近到可以讨论政治和宗教，那完全可以在他们面前放屁。
- 以上准则的推论：如果团队成员全部都是男性，你不仅可以公开放屁，而且声音越响越好。那么团队中的成员很可能会以自己独特的方式表达他们的认可——比如欢呼或击掌，这取决于你们的配速。
- 一个人跑？那就更不用多想了，释放自己！

守则 1.10

Everything a runner needs to know, and then some

认识普利

“普利”就是史蒂夫·普利方坦（Steve Prefontaine），一位俄勒冈州土生土长的传奇中长距离跑田径巨星，在1975年年仅24岁时死于车祸。除了同时保持从2 000米到10 000米所有项目的美国纪录之外，普利方坦还催生了两部电影（《普利方坦》[*Prefontaine*]和《永无止境》[*Without Limits*]），以及蓄了一把很有型的胡子。并且，他还留下了这句经典名言：“很多人来比赛是比谁最快，我是来比谁最有胆。”

当你遇到困难的时候，请记得这句名言。

守则 1.11

Everything a runner needs to know, and then some

参加比赛，以获得动力

你懂的，几周或几个月后的一场比赛，就是一根挂在前方等你去追逐的胡萝卜。

即便你不是真的打算去（以“跑得要吐”的状态）“比”这场赛，报名参加一场 6 周或 10 周，甚至 26 周之后的比赛仍然是激励你每天出门跑步的一种行之有效的方法。

想再加强一点儿它的功效？最简单的办法是跟朋友们一起报名。没错！你不仅给了自己一个画在日历上的目标，而且组建了一个互相支撑的团队一起去完成它。

现在，你要做的就是——去训练。

守则 1.12

Everything a runner needs to know, and then some

不要铤而走险

场景：1月某个温和的早晨，在居民区的街道上。

人物：三个穿着棉T恤的中年人，边跑边聊。

观众：我和我的狗狗正出门散步。

到目前为止，一切都很好，是不是？只是，这几个人并排着跑，相隔一臂距离，在马路中央。哦，他们正直奔一个陡峭的视野不好的小山坡……

我浑身颤抖着，眼看一辆卡车出现在山上，像打保龄球一样将三个人撞飞……幸亏，这事没真发生。不过这天，我后悔自己没有大声地提醒甚至责骂他们："朋友，太危险了！车子从山上飞驰而下，等到司机看到你们的时候可就太晚了。"

我的意思是，当这种事情真的发生时，你可能也会为此承担风险。那就太令人郁闷了。

教训：不要铤而走险，时刻保持警醒。

只有好好活着，明天才能继续跑。

守则 1.13

Everything a runner needs to know, and then some

送上门的建议不金贵[①]

如果你是那种不管别人是否需要，都喜欢给别人提供建议的人，那在跑步中你会有大把的机会。

比赛前、比赛中、比赛后，训练时，跑道上，健身房里，甚至在网上论坛和博客中……你会不断遇到与你做法不同的跑者，并想要给这些人一盏指路明灯。先克制住你的冲动。

送上门的建议很少会受欢迎，无论你的表达多么婉转，而且你得承认，实际上你也不可能什么都懂。即使你什么都懂，对方也不一定想听。

所以，除非有人问你，否则就收起你的建议。如果有人在健身房实在是“错得离谱”，那他自己很快就会找到对的方法。如果他没有纠正，那或许他本来也没有多大错。

除非你看到一个跑者正在危及自身或他人的安全，这时的做法见“不要铤而走险”（前一页）。

① 买这本书，意味着你是在寻求我的建议，所以我不属于此列，哈！

守则 1.14

Everything a runner needs to know, and then some

逆向奔跑

这听起来很简单，但是有多少次你看到跑者都是顺着车流跑的？

除了个别情形之外，“顺流”是不正确的。法规（常识）告诉我们，行人——包括跑者，应该面向来车，这样更容易看到车或者被看到。

个别情形：不管出于什么原因，你的本能告诉你顺着车流跑要比逆向奔跑更安全，那就相信你的本能。

举个例子，在我们宾夕法尼亚州以马忤斯市附近有一条相对安静的克斯通（Keystone）路。这条路很赞，但是它有一条靠近溪流边的支路，蜿蜒而且危险。这条支路很窄，在一个有交通盲区的弯道处，你脑海里会立刻闪现出一个顾虑：在这个弯道我是顺着车向还是逆向跑更有可能会死掉呢？

通常我们会选择缩着肩膀顺着车向跑，直到安全通过盲区。目前为止，这里还没有人被车撞过。

守则 1.15

Everything a runner needs to know, and then some

三人行，须谨慎

这条忠告不仅仅是为了不影响机动车交通，更是为了不影响自行车和行人（包括其他跑者）。如果你们占了整条道，难道就不怕别人拿起手中的长柄烧烤叉子刺向你吗？

没错，这样可以增进你和跑友们之间的友谊，你们喜欢并肩跑步，并说说笑笑来消磨跑步时光。

不过请留意你们的周围，要知道对其他很多人来说，你们看起来不像跑者，而更像是进攻前锋[①]。

没礼貌，就滚蛋！你自己决定吧！

① 进攻前锋：美式足球中的位置，通过传球和持球跑动冲入对方阵区得分。——译者注

守则 1.16

Everything a runner needs to know, and then some

开放式提问必杀技

与速度比你快的跑者（或者他只是今天的状态不错）一起跑，对方是否没有留意到你粗重的喘气声和落后的步伐？或者，更糟的是，他留意到了，但却毫不关心？如果事情是这样，那么你就可以出动跑者随时随地可以使用的必杀技：开放式提问。

思路很简单：当你问这位飞人一个宽泛的问题时，他（她）很有可能需要花 10 分钟来回答。同时，当你调整呼吸时，他（她）需要消耗珍贵的氧气来说话。

这一招在爬长坡的时候特别管用。

开放式问题举例：

- 你从事什么样的工作?
- 你今年有什么度假计划?
- 关于近期社会热点：你对它们怎么看?

注意事项：如果你的同伴老是问你开放式问题，那就考虑降一档配速——或者，找一个跑得更快的同伴。

守则 1.17

Everything a runner needs to know, and then some

请讲文明

人体是一台神奇的机器，一台神奇、恶心的机器。特别是当你努力奔跑时，你身体的各个部位会通过各种程序、各种出口，喷出令人讨厌的物质。

大部分跑者都能理解这种本能，只要不是太过分。因此，当大部分跑者不小心被此类物质击中的时候，也都能体谅。（在跑步中是可以被谅解的。但在排队上厕所的时候，或者在晚宴中，你把口水喷到别的跑者身上却是万万不可的。）

也就是说，请尽可能在你的周围留出空间——专家称之为“卫生半径”，以便当你喷口水、擤鼻涕、咳嗽的时候可以避开他人。

说到这儿……

守则 1.18

Everything a runner needs to know, and then some

学会擤鼻涕

擤鼻涕（名词）

一种通过捏住一个鼻孔，而将另一个鼻孔中的鼻涕排出去的方法。

擤鼻涕是每个跑者的必备技能。一个棒棒的擤鼻涕动作，必然是漂亮、有效率、优雅而简单的。而一次糟糕的擤鼻涕，会弄得你满手都是……

下面教你如何正确地擤鼻涕。

1. 先用嘴大口吸气。
2. 用食指紧紧抵住一个鼻孔。
3. 闭上嘴。
4. 微微抬头，朝向张开的另一个鼻孔，用鼻子用力地呼出去。
5. 如果需要，换另一个鼻孔，再来一次。

守则 1.19

Everything a runner needs to know, and then some

如果你是跑者，就应该喜欢《雨中的 3 分 58 秒》

约翰·帕克（John Parker）的开创性经典跑步小说《雨中的 3 分 58 秒》（*Once a Runner*）讲述了一个名叫昆顿·卡西迪（Quenton Cassidy）的年轻跑者的故事……注意，是一部开创性的小说。

跑者们无一例外地喜欢这个故事。作为一名跑者却不对本书赞美有加，就好像作为一个美国人却在奏国歌时不起立一样——或者更糟，就好像你不但不起立，还要跑到国旗旁边擤一下鼻涕（如前一篇那样）。这让人无法接受。

自这本书 1978 年首次出版后的 10 年间，在它再版之前就已经销量无数——甚至还能买到它的影印本。

所以即便你从没读过这本书，或者你读了一点却觉得不怎么样，你也得用一种虔诚的语气来谈论它。这里提供一些你跟其他跑者谈论本书时的常用话语：

堪称经典。

史上最好的跑步书。

我读过的书中对跑步比赛描述最到位的。

是的，我一口气就读完了。

想谈谈你对这本书真实的评价？很可能是，你看了39页，发现自己读不下去，放弃了，转而去看了会儿电视。

好吧，在你说出来之前，先要明白国家的证人保护程序并不包含“毁谤《雨中的3分58秒》”这一项。

仅供参考。

Note

守则 1.20

Everything a runner needs to know, and then some

忘了冰浴吧

你可能听说过冰浴，也就是在赛后或训练后在冰桶里坐几分钟，以此进行恢复。很多精英运动员都号称自己试过这种方法，至少他们是这么说的。

你能想象这些跑步大神们在装模作样了一天后，围坐在酒吧里，放松地喝着啤酒，说着下面的话吗？

大神 1 号：“老弟，我告诉你，无论我提出多么疯狂的招数，跑者们都会照做。”

大神 2 号：“你说的对。你可以告诉他们，训练后在冷水里坐 20 分钟，因为……哦，也许，可以帮助缓解腿部酸痛……那么他们就会冲向冷水龙头了。”

大神 1 号：“哈！”

大神 3 号：“不要冷水了。冰水怎么样？”

大神 2 号：“少来了，大神 3 号，跑者们自己也是有常识的。”

大神 1 号：“我同意。3 号，想法不错，不过坐在冰水里太危险了。”

大神 3 号：“不觉得好玩吗？”

当然，我不确定这样的场景是否真实存在。也许确实存在，只不过他们喝的是威士忌。我只知道，我从来没坐在冰水里恢复过，也不打算这么做。

如果只是喝酒的话，我倒是可以奉陪。

守则 1.21

Everything a runner needs to know, and then some

了解你的配速

我有一个同事，总喜欢邀请我和其他倒霉的《跑者世界》同事们一起在午休时来一段“放松”跑，而这些运动最后无一例外地都变成了 4 分半[①] 配速的狂奔。就像查理·布朗（一再地）信任露西[②] 一样，抓着橄榄球，抱着一线希望以为这一次露西会信守她的诺言。最终，我们累倒在地上，觉得心灵很受伤，并因此痛恨自己的天真。

这不是她的错，她的速度太快了，所以对她而言的“放松跑”就是我们的“节奏跑”（忘了告诉你，这位同事具有入选奥运会越野马拉松赛的资格）。真的，要怪只能怪我们自己。当然，无论结果是否如我们所愿，这都成了一种很好的训练方式。

但总而言之：如果你邀请一位朋友跟你一起“放松跑”，直接出去用 10 公里最好成绩的配速拉爆她是不合适的。同样不厚道的是：邀请朋

① 原文是 7 分钟 / 英里，鉴于国内读者阅读习惯，换算为 4.4 分钟 / 公里。——译者注

② 查理·布朗和露西是漫画《花生》（*Peanuts*）中的人物，查理·布朗是个老好人，经常被露西戏弄。漫画中另一个被大家熟悉的角色就是查理·布朗的宠物狗史努比。——译者注

友陪你跑一个“短距离”，结果你们来回跑了20公里。如果你们彼此还没有互相了解到能很默契地判断彼此口中“放松”和“高强度”、“短距离”和“长距离”的真实含义，那就说清楚点，比如：“我要跑6~8公里，配速在5分半左右，要一起吗？”然后，照计划跑。

Note

守则 1.22

Everything a runner needs to know, and then some

加入当地跑步组织

我是一家叫作“利哈伊谷路跑者”（Lehigh Valley Road Runners）的跑步俱乐部中骄傲的一员。（别让我证明，因为他们没给我一张会员卡。）这一会籍带给我的好处是：零星出版的会刊、当地比赛的报名费折扣、当地跑步装备店的 9 折折扣。我想就是这些。

事实上，我很少使用这些福利。不过即使没有这些福利，我依旧会每年交 20 美元成为“利哈伊谷”的会员。为什么？因为我的俱乐部里全是乐于行善的好人，成为其中一员令我感觉很舒服。

他们为优秀学生赞助奖学金，每年夏天会组织一场超棒的儿童系列赛，还会在每周三晚的 5 公里夏季系列赛后组织聚餐……这些活动都超棒的！

还有，位于景观大道上的“利哈伊谷”会所有一个很棒的浴室。这个福利要实用得多。

守则 1.23

Everything a runner needs to know, and then some

不抛弃，不放弃

除非他坚持说没问题。

即使是三四个人一起跑，有时也会有人因跟不上配速而掉队，即使其中没有人加快配速，或即使掉队的人没有讲笑话的习惯（这可能会增加他掉队的概率）。

领先集团可以有以下几种选择。

A. 继续以较快的配速跑，让掉队的人自生自灭。

B. 减速，让掉队的跑者跟上，然后：

1. 以较慢的配速继续跑。

或者

2. 回到先前较快的配速，看看掉队者能否跟上。

C. 派一个代表去了解情况，让掉队者有机会说出“你们先跑”。

D. 等有人自愿提出去陪掉队者跑完，这样相当于将一组人分成两组来跑。

A选项在现实中基本不予考虑。不了解情况就抛弃队友是不对的，哪怕这位队友为人乐观。

B1 选项是不错的主意，只要配速不是慢到让人崩溃，余下的距离也不太长。如果掉队者是队中唯一认识回程路线的人，那就更应该这么做了。

B2 选项也可以接受，如果你知道掉队的是一个实力很强的跑者，表现得不好只是因为没活动开，或者想感受一下慢一点儿的配速。

C 和 D 选项都是很有礼貌的选择，也能让大多数人开心。

这一条的推论：向掉队的跑者询问他有没有事、需不需要你们降速陪他，询问一两次就够了，如果询问三次以上就不是在帮他，而是在烦他了。按他的话去做、去跑，就是了。

Note

守则 1.24

Everything a runner needs to know, and then some

不要成为团队的拖油瓶

除非他们认为这无所谓。

当你是那位掉队者时，这一条恰是前一条的反面。如果你觉得一个人跑是安全的，也确定自己没问题——如果你认识回去的路，礼貌的做法是挥手让其他人先跑。

你也可以一个人回味一下刚才那些妙语连珠的笑话。

Note

守则 1.25

Everything a runner needs to know, and then some

爱上晒日线[①]

你可能想要试图“消除”因为跑表、袜子或者手环遮挡而形成的晒日线。别这样做。拥有这些晒日线没什么不好意思的。不仅如此，它们是来之不易的成就勋章，骄傲地把它们秀出来吧！

Note

① 晒日线：指身体在日光曝晒后留下的深浅分界线。——译者注

守则 1.26

Everything a runner needs to know, and then some

把训练计划贴在冰箱上

科技是伟大的。很多网站——当然也包括 runnersworld.com 都提供在线的训练日志、计划制定等服务。你可以制定训练日程、记录你的轨迹和里程、通过图表追踪进度，等等。一些程序甚至还能生成饼状图，老天爷，饼状图啊！

然而，仍然没有什么能替代贴在冰箱上的打印出来的训练计划。

这并不是说你不能使用在线软件。你当然可以，也应该使用一下。不过，你还是应该为自己打印一份纸质版计划贴在冰箱上。且不说它能每天都出现在你面前，还带点儿怀旧风，关键是你再也找不到另一种替代方式，能将你的 10 周、12 周或 16 周计划像这样一览无遗地呈现在一张传统纸张上。而且，在前一天已完成的训练计划上画一个大“叉”有一种神奇的快感。

所以，把计划贴在冰箱上。如果需要的话，把孩子的画取下来。我们不会怪你的。

守则 1.27

Everything a runner needs to know, and then some

在外与跑友相认，但要以酷酷的方式

当然，这要在你能认得出跑友的前提下。如何凭空认出跑友？方法有很多。刚开始可以通过晒日线，手腕上的配件也是明显的信号（天美时铁三表［Timex Ironman］、时髦的耐克表、厚实的GPS表都是有力的线索）。运动太阳镜、比赛服或功能性跑步衫、磨损的跑鞋（它们已经在跑步的实战中久经考验，完成了其使命，但平时穿出来还是可以的）、腋下夹着一本《跑者世界》或《跑步时报》（*Running Times*）……不过，首先是精瘦的外形——即便此人不一定特别瘦（你看到就明白了）。

适当的相认方式如下：

- 眼神接触，微微点头。

实际上，仅此而已。我们跑者是很矜持的，是一群低调的人。我们不像那些打高尔夫的。

在特殊情况下——假如跑友穿的比赛服是你也跑过的比赛服装，你可以搭讪。在机场这么做尤其管用，虽然我不知道为什么。

否则的话，点个头足以。

守则1.28

Everything a runner needs to know, and then some

笑着回应批评

跑步是一项美的运动——简单之美。它能清空大脑、加强心肺功能、燃烧脂肪。大部分人都明白这些，但仍有一些人对此不了解，他们会不失时机地诋毁跑步，用言辞来攻击跑迷们。

奇怪的是，大部分的批评声音都指向健康问题。

“跑步对你的关节不好。”他们说。

“你会得关节炎。”他们继续说。

“跑马拉松？”他们一边喝着大杯可乐一边说，“会死人的。”

尽量克制跟这些唱反调的人正面交锋的冲动——尽管实际上要回击他们很容易。但言语是无法说动他们的。对此类辩论最好的回应是坚持跑步、热爱跑步。同时，试着请这些反对派一起来跑个短距离。

谁知道呢？或许有一天他们会接受邀约。他们自己的体验会成为支持跑步最有力的论据。

守则 1.29

Everything a runner needs to know, and then some

懂得适可而止

跟其他所有事情一样，跑步在“热爱”和“沉迷”之间也应当有个度。跟沉迷于其他事情一样，沉迷于跑步也需要我们为之亮起警报。

- 跑步是否影响了你的工作?
- 如果你还是在校学生，跑步是否影响了你的学习和成绩?
- 你是否因为跑步而没有时间陪伴你的家人和爱人?
- 如果少跑了一次，你是否会觉得郁闷、紧张、烦躁?
- 受伤后你是不是还在跑，而不是好好养伤?

简而言之：你是因为想跑而跑，还是因为需要跑而跑?

这个问题只有你自己能回答。当然，首先，你要敢于提出这个问题。

守则 1.30

Everything a runner needs to know, and then some

组队晨跑

早起跑步是件困难的事。如果你不是一个习惯早起的人，那真心困难。如果外面还又黑又冷，或者刮风、下雨、结冰，那就更加困难了。

如果前天晚上还喝了点儿小酒，那么第二天一早 6 点你准时滚下床穿起跑鞋的概率就更是低得可怜了。

除非，你事先与人有约。

那样，你可能会为此感到惶恐。你可能会苦着脸抱怨。你可能会骂街。但你会立刻掀开被子，喝杯咖啡，换上衣服。因为你知道有那么一个人，也在这个黑漆漆的鬼时间里起床换衣服去跑步，这足以给你足够的出门动力。

十有八九，你会为自己跑了而感到开心，你的那位同伴也是。

守则 1.31

Everything a runner needs to know, and then some

警告简明

动物和鸟类都会使用特定的叫声，或其他重要信号向同伴警告潜在的危险。跑者也是（该）如此。

因为，在团队跑步——特别是大规模的活动中，总有一两个跑者能够比其他人更早看到危险，而他们也有责任把危险清楚、直接地告知团队中的其他人。

我自己最早进行的运动是骑车，所以我自然就会在团队跑步中使用我们在团队骑行中的那套语言。比如，用“后方有车”警告队友后面有车辆靠近，用“前方有车”来警告前面有车向我们驶来。我不需要解释，队友们也不会不懂。

然而，不是每种情况都能说得这么清楚，有些情况则需要你临场发挥。比如，队伍正跑向一个十字路口，你发现一辆大卡车疾驰而来，但似乎没人看到，你也没时间细说：“大家注意，一辆卡车正在主街上向东行驶，看起来没有减速，我也不清楚司机有没有看到我们。”

你只说：“小心！”别人就懂了。

或者也可以说：“看车！”后来我又把它简化为：“车！”

只要有用即可，关键是让大家能听懂——能保命。

守则 1.32

Everything a runner needs to know, and then some

小心幽灵列车

作为一个路跑者，你可能时不时地需要穿过铁轨。当然，这种时候你会很小心，先左右张望，确认没有火车开来，再穿过铁轨继续跑。

但是，有很多跑者在经过一些看似废弃的（锈了的、长满杂草的）铁轨时，跳过了这个环节。这是错误的，理由很简单——幽灵列车。

没错，幽灵列车鸣着汽笛以极快的速度驰来，驶向一个神秘的地方。它很有可能载着一个骷髅司机，他懒得减速，更不要说为一个像你这样平凡的跑者停下来了。

有没有被记载的此类幽灵列车撞死跑友的案例呢？没有。

那么问题来了：你想成为第一个吗？

我不想！所以我每次穿过铁轨前都会左顾右盼，哪怕是看起来“被废弃”的铁轨。

守则 1.33

Everything a runner needs to know, and then some

藏钥匙，要动脑

你是不是像我一样，从家里或者办公室出发参加大多数跑步活动，但每隔一段时间会去某地参加比赛或跟跑友们一起约跑。你脱到只剩短袖短裤和跑鞋，锁好车门，然后凝视着手中的钥匙串、购物卡、开瓶器、“兔脚”[①]、迷你手电筒等杂七杂八的小玩意儿，天知道该把这些放在哪儿。

你可能想把它们放在其中一个车胎上。千万别！这是小偷们最先查看的地方。（如果你想这么做的话，你一定也是那个会在沙滩上把钱包藏在鞋子里的人，我说的对吗？）

多得是更有新意且能防贼的选择。

一种选择是取下车钥匙，放在衣服口袋里。或者你也可以用一种特别设计的固定在鞋带上的小口袋。

另一种方法，我听说过但没有真见过，就是把车钥匙放在别人的车胎上。我猜这个方法也挺管用，只要那位司机不比你走得早。还有一种方法，就是开一辆破烂的旧车，脑子正常一点儿的人都不会想偷它。

每次我跟朋友去附近的林荫道跑步时都会遇到这种情况。通常，我锁

---

① 在某些文化中，人们相信随身携带兔子脚作为护身符会给人带来好运。——译者注

好车后会拿着车钥匙跑几分钟，然后把钥匙藏到路边某棵树的树枝上。这一招还从没失败过。

（给宾夕法尼亚州东部的偷车贼一点儿小小的暗示：在一棵大树边的另一棵大树上，是有树叶的那棵。）

Note

守则 1.34

Everything a runner needs to know, and then some

倒着翻体育版

如果你要找一些关于路跑赛或田径赛的文章和比赛结果，倒着翻报纸的体育版会更快些。无论是全国发行量第一的报纸，还是你们当地的报纸，都是这样。

不知出于什么原因，体育编辑们乐于将大量的专栏、照片、排行榜用于报道“球类”运动，甚至是赛马，只给跑步挤出最小的一点儿版面——通常是标题下只有一小段很简单的报道，大概他们觉得这些无关紧要的内容不用占太多版面。（值得欣慰的是，自行车的版面也差不多。）

即便一个美国人在波士顿马拉松赛上玩着杂耍夺冠，并以后滚翻冲过终点线，同时打破了世界纪录，而这一届波士顿（首次）还被定为世界马拉松锦标赛和奥运会马拉松赛，美国报纸的体育编辑们还是只会在 C-11 版的帆船赛回顾下面给这条新闻两小段文字的版面。

而且，他们还会拼错这位跑者的名字。

也许有一天，这些情况会有所改变。在那一天还没到来之前，我们还是倒着翻体育版吧。

守则1.35

Everything a runner needs to know, and then some

绕着小区跑

如果某天你觉得自己一点儿也不想跑步，那就出门绕着小区跑吧，马上就去。有九成的可能，几分钟你就会感觉适应了，并想继续跑下去。

还有一成的可能呢？嘿，至少你已经跑了一圈了，这一圈让你比大部分人这一整天跑得都要多。

Note

守则 1.36

Everything a runner needs to know, and then some

沙滩奔跑的幻灭

沙滩、阳光、冲浪。有什么理由不爱它们？

那么这些怎么样：松软的不稳定的地面、海里漂来的朽木和垃圾、“红龙虾”[①]餐厅后的垃圾箱隐约飘来的臭味。那些进到袜子和鞋子里的烦人的小沙粒，它们可能在未来的两个半月里都弄不干净。

更不要说时不时出现的满头白发、皮肤黝黑的退休老人，以及他们从BluBlock[②]太阳镜后盯着你看的目光。

令人沮丧的真相就是，在沙滩上跑步根本没有你之前认为的那么美好。

我建议，还是守着酒店的跑步机吧，或者在附近的镇上跑跑。（就算是停车位和红绿灯，也要比鱼腥味和BluBlock太阳镜强。）或者，就干脆休息几天不跑了。

这期间放松一下，在沙滩上晒晒太阳，或许你还能看到几个可怜的家伙跑得累死。

① 红龙虾是美式休闲海鲜餐厅连锁品牌，总部在佛罗里达州的奥兰多市。——译者注
② BluBlock 是美国的一个太阳镜品牌。——译者注

守则 1.37

Everything a runner needs to know, and then some

夜跑的崛起

如果说在沙滩上跑步不如人们所标榜的那么好，那么夜跑则正相反。

首先，只要你正确对待它，夜跑并没那么危险。实际上，只要大部分跑者对潜在的危险提高敏感度——比如正确穿戴他们（应该）穿戴的反光和发光装备，夜跑可能比昼跑更安全。

另外，有时候穿过黑夜，沿着自己面前一点窄窄的光线跑，无论跑多快，你都会感觉自己像在飞翔。这种感觉很酷。你也可以感受到只有黑夜能带来的那种平静和安宁。

当然，前提是你携带了反光和发光设备。（如果你咨询我的话，我会说最好戴上头灯。）而且，不要在凌晨 2 点所有酒吧都关门了之后才出发。

还有一个前提是，不要经过上文所说的酒吧。

守则 1.38

Everything a runner needs to know, and then some

独跑跑，众跑跑

很多跑者都独自跑步，当然这可能并非出于他们的心理需求，而是出于客观环境的限制。想想那些住在郊区或者工作时间特殊的人群，他们工作的时候其他人都在睡觉。同时还有那些山中隐士，或者一些本来就喜欢在山中隐居的朋友，他们不得不独自去跑步。

这没问题。

也有人出于自身心理需求独自跑步，跑步给了他们单独思考的机会、一个平静的绿洲，让他们在紧张忙碌的生活中保有一份宁静和闲适。

这也没问题。

另外，还有这样一群朋友，在跑步的过程中，他们依然渴望来自朋友的陪伴和交流，因而他们选择结伴跑步。对他们来说，跑步是分享经历以及激励自己的最佳方式。他们会与老朋友一起跑步，还能在跑步中认识许多新朋友。

而这……你猜怎么着，当然也没问题。

这就是跑步美好的一面——我们可以选择独行，也可以选择呼朋唤友。只要你选择开始跑步，你就可以依照自己的喜好为自己选择合适的方式。

不论是一个人还是一群人，只要跑起来，你就能体会到跑步的乐趣。

守则 1.39

Everything a runner needs to know, and then some

跑者不剃腿毛

以下是例外：

- 大部分北美的女跑者；
- 曾接受过腿部外科手术的跑者；
- 同时身为游泳健将的跑者；
- 同时身为自行车健将的跑者；
- 同时身为铁三运动员的跑者；
- 不拘泥于跑步书的跑者，因为他们只是喜欢脱毛后的感觉，尤其是脱毛后躺在棉质床单上的感觉。总之，这有什么大不了的呢？

守则 1.40

Everything a runner needs to know, and then some

好司机也是好跑者

一个伤感的事实就是，跑者和司机通常互为“对立面”。在那些停车警示牌的前面，我们经常会看到为了在马路上或者十字路口处争夺空间，互不相让而产生碰擦事故纠纷的司机和跑者。但是说来也怪，一个注意安全、老练的司机和一个注意安全、礼貌的跑者的很多特征是相同的。比如：

- 留意周围环境。
- 变道时很小心。
- 你要让自己能被看见——尤其是在天黑或者下雨天时。
- 耐心并且要提前发出信号——不要突然转向、调头、停车或者直行。

当然，这些从反面也说得通，一个令人厌恶的司机同时也可能成为一个鲁莽无礼的跑者，他们通常都有如下相似点：

- 急躁、不够专心致志。
- 鲁莽地作出选择。
- 自以为周围人应该知道你的动作意图和动机。
- 行为不稳重——例如前进时从不留意身后的人、加速通过路口时不注意对面的车辆以及停车时不打警示灯。

我能写更多，但我的手机响了，交通灯也转为绿灯了。先这样吧！

守则 1.41

Everything a runner needs to know, and then some

跑步时，不发微博微信、不打字

尽管说这些话可能很多余，但事实上，悲剧就是这样发生的：当这本书正在编辑时，一位英国的跑步爱好者在跑步时直直地撞到了树上……当时，他正在使用他的黑莓手机发 Twitter，而这样做的收获就是熊猫眼和受伤的心灵。

我知道这很好笑，但这是一个很严肃的问题。如果你在跑步时要带着手机或者其他设备，以备不时之需，这没问题。但请不要在跑步的时候使用手机或其他设备。

话已至此！

守则 1.42

Everything a runner needs to know, and then some

多做拉伸

如果你正在寻找确凿的证据来证明拉伸对于跑步的好处（或坏处），那么祝你好运，因为事实上它们根本不存在。如果你想从其他跑者、医生、理疗师、高中田径教练或侃侃而谈的邻居们那里获得意见，他们会在给你不同答案的同时坚信自己的答案。（因为大多数人都会选择在跑步后做一些拉伸，或者至少在热身运动之后做一些伸展运动。）

如果你要听专业跑者们的建议的话，那就请收起你的固执，按照这条规则做吧：如果拉伸有助于你跑步，那就拉伸吧。如果没有，不做也罢。

守则1.43

Everything a runner needs to know, and then some

休息也是一种训练

你可能感觉不到这点，其实放松和休息是训练的一部分。严苛的跑步训练会让肌肉紧张，而在晚上睡个好觉，睡眠的过程也是肌肉自我修复的过程，这样肌肉会更有力。时刻牢记这一点，尤其当你连续作战的时候。

当然你也可以无视这个说法，但是很快，病痛就要找上你了。从某种程度上来说，身体的疼痛也是它向你传达如下信息的一种方式："你知道吗？我已经受够了。该休息一下了。"

个人经验：我坚持骑自行车和跑步已有25年，其间我始终保持规律的运动与作息时间，因过度疲劳而受伤休息的周数用一只手可以数得过来。我感觉这与天生的体质有点儿关系——尽管我还有扁平足。另一个原因是，我一直以来都有定时休息的习惯：我每周至少休息一天，每个月中会有一周的时间较为轻松，一年中会有一个月的时间比较轻松。

最后，我想我将来也会安排一个训练量低于平均水平的轻松年。

但不是现在。

守则 1.44

Everything a runner needs to know, and then some

一周一天，极简跑

当我还是个大学生的时候，我还没有开始跑步，而是个自行车选手。我和一群志同道合的朋友们一同练习，我们有一个传统：周一无头盔日。这个解释就是听起来的那么简单，就是每周一我们会按照惯例见面练习，但是不戴头盔等保护装备。

看上去这是一个很蠢、很无聊，甚至很莽撞的举动。

但是你知道吗，这个鲁莽的每周一天的主题日训练却很有趣。作为一个跑者，其实我们跑步时真的没有像骑行那么多的安全防护装备——当然，我并不是非要你按照我们的套路做，但有一个类似的建议我觉得你会喜欢。

每周一次，不要带你的跑表，然后出门跑步。当你这么做的时候，也不要带心率带、手机、MP3或者其他任何你平时跑步时会带的高科技设备。

你会惊讶于自己跑得是多么自由。

但是在此要说明的是，现在当我骑自行车的时候，我一般还是会佩戴安全头盔。

守则 1.45

Everything a runner needs to know, and then some

询问润滑油时要注意场合

这是一个简单的问题："你有凡士林吗？"这个问题出现在跑步用品店或者跑步大赛上，会得到一个简单的"是"或者"否"的回答。

在其他情况下提出这个问题，比如说在药店、超市或者休闲场所，你得到的可能是一个惊异的眼神或者一个你并不想要的邀约。

Note

守则 1.46

Everything a runner needs to know, and then some

红灯停

鲨鱼不动就会死，但跑者不会。所以当你下次在十字路口看到红灯时，请记住这一点。

没必要像尿急一样跳来跳去或者换腿跳跃，请站定放松等候几分钟，之后再继续跑步。

不要担心你的身体可能会在等一个红灯的时间里冷下来，锻炼的效果也不会因此有所损失。你的心脏不会因为担心到底发生了什么而停止跳动。

你可以考虑利用这点儿时间闭上眼睛深呼吸，或者抬头欣赏一下天空——做一些跑步的时候不能做的事情。

请注意：如果你身边有个人也在等红绿灯时换脚跳，而他并没有在跑步，那他可能真的是尿急，离他远点儿。

守则 1.47

Everything a runner needs to know, and then some

无视那些愤怒的机动车

相信我，我理解那种想要教训一下在你身边加速并抢占你跑道的司机的跑者是什么心情。我知道你多么希望敲敲他们的头盔或者砸那个司机的车，或者冲那个开车的人大喊，并真心的建议他（她）学习一下如何驾驶。你甚至可能想冲对方比一个中指。

为了你自己和其他跑者，克制住这种冲动。深呼吸，数到10。保持微笑，然后为你能够快乐、健康地出门跑步而感到高兴。

换句话说，“就让他去吧”。（除非那个司机真的很混账，威胁到了你或其他人的安全，这样的话你应该记下他的车牌号，并且尽快报警。）你的发泄并不会改变司机的行为，甚至可能会使之更加严重。你要知道，那家伙可能会在下次看到跑者时开得更近，只是为了争一口气，甚至可能会撞上跑者。

想教训一下某人？在课堂上可以，在路上千万不要。

守则 1.48

Everything a runner needs to know, and then some

非跑者并不关心你跑步的事

和不跑步的人谈论跑步是没问题的，如果他们问起此事，当然不能不回答，这会显得很没礼貌。但为了大家好，还是要适可而止。

下面是一些例子，告诉你当和不跑步的人沟通时，哪些是可以接受的事情，哪些不是。

可以接受	不能接受
• 谈论你上一个马拉松	• 细数你上一个马拉松的分钟数、心跳数、比赛那天的相对湿度、你的装备（以及穿戴它们的原因）和距起点 30 公里处因为没有移动厕所发生了什么
• 描述你最喜欢的跑步衫的颜色	• 描述你尿液的颜色（它的颜色很暗，就像冰红茶一样，这意味着我已经脱水了。顺便，我能请你喝杯饮料吗？）
• 引用塞巴斯蒂安・科（Sebastian Coe）的名言	• 引用塞巴斯蒂安・科的名言，之后却因为没人知道这是塞巴斯蒂安・科所说的话而感到愤怒
• 炫耀开始跑步后减掉了多少体重	• 炫耀你开始跑步之后所掉的脚趾甲

守则 1.49

Everything a runner needs to know, and then some

总会有人比你跑得慢

一些想要跑步的人会因为自己跑得慢而放弃，他们担心如果自己参加比赛一定会是最后一个完赛的。这是无稽之谈。

事实是，总会有人跑得比你慢，总会有的。

“但是，”你一定又会想，“既然这个世界上总会有人比自己慢，而自己又不是最慢的那个，那么以此类推，到底谁才是那个最慢的人呢？”

好吧，首先我们来看看这句话，然后再来看看事情是不是这样：这个世界上，总有人比最慢的人更慢，然而又总有人比那个人还要慢。

科学家们到现在也说不清这是怎么发生的，但这却是事实。

所以，如果你还在给自己不跑步找借口，那么请继续。

守则 1.50

Everything a runner needs to know, and then some

总会有人跑得比你快

所以，没什么好狂妄的。

Note

守则 1.51

Everything a runner needs to know, and then some

个人纪录永远是个人纪录，但是……

你可能会宣扬自己的个人纪录，或者在两年后还把这个作为自己目前的成绩而不加任何解释。

但是，在两年后还告诉别人自己马拉松的个人纪录是 3 小时 12 分却不解释清楚，可不太好。因为实情可能是：“我马拉松的个人纪录是 3 小时 12 分，那是我在 63 年前跑出来的。”

简单来说，个人纪录的寿命只有两年，而两年之后，虽然它仍然是个纪录，但需要加上一个注解。

Note

守则 1.52

Everything a runner needs to know, and then some

像狗一样跑

我有一只混血牧羊犬，叫作库珀（Cooper），它从不介意我们会在哪儿跑，不介意时间是白天还是晚上，也不介意天气如何。它从来都不知道自己在休息时的心跳是怎样的，也从来不会想到要戴表。在任何时候、任何地点且没有任何缘由，它就是喜欢跑步。

看库珀跑步是一种享受，因为这种观看能带来一种纯粹的快乐。它能够什么都不想，只是跑步。它每次跑步的时候，表情和身体都在传达一个简单的信息——这真是太棒了！这感觉难以置信！我在跑跑跑跑跑！

我们中有多少人能这么说？

如果我们要成为更好的跑者，就应该向狗狗学习。

跑步时找只松鼠来追自己（只是打个比方）。当你能够放开手脚跑步的时候，尽情享受、用心感受。要知道能够尽情快跑是一件快乐的事，当然慢跑也有慢跑的好处。停下来闻一下玫瑰花香，有时候还可以尝尝它们的味道。如果有人问起："要出去走走吗？"一定要给予肯定的回答。另外不管你在哪儿，别踩踏老人家的草坪，因为他们会很生气。

“犬”式跑步训练

- 热身：步行8秒。
- 小跑4秒。
- 立定：用力吸气。
- 冲刺跑7秒。
- 急停。
- 不要向前，向其他任何方向走5秒。
- 暂停，静止9秒。
- 兔子跳。
- 停。
- 折返，走3秒。
- 做小狗撒尿状。
- 把以上过程重复6~8次。
- 恢复：躺倒在地、全身放松。

守则 1.53

Everything a runner needs to know, and then some

永远做个进步者

套用亚历克·鲍德温（Alec Baldwin）在影片《拜金一族》（*Glengarry Glen Ross*）中的话：永远做个进步者。①

关键的问题是，你究竟如何看待“进步”？

诚然，追求进步、渴望变得更好，这是每个人的天性。没人喜欢止步不前的感觉，尤其当你是个跑者（如果你是跑步新人那更是如此）时，你的进步是能够通过跑步的里程、分段纪录、计时被定期精确地测算出来的。

但如果你只是把进步简单地定义为“更快”，那么问题就来了：不但训练效果会适得其反，而且势必会导致受伤或过度疲劳。

每个跑者都不可避免地会碰到瓶颈，总有一天你会没办法比以前跑得更快、更远。可喜的是，你完全可以自己来决定如何面对这个问题。你可以挂靴不再跑步，然后跟朋友聊聊你过往的辉煌跑步经历。当然，你也可以找一些新的方向，继续做个进步者。

比如，你可以试着跑慢一点儿，但跑的距离更远一些，而不是强迫自

① 《拜金一族》中亚历克·鲍德温饰演的推销大师教给销售员的关于这个行业的ABC 法则：Always Be Closing（永远做个成功者， 即一定要成交）。这里也套用了这一句型，改为：Always Be Growing。——译者注

己跑得更快。或者如果你一直跑马拉松，那么可以试着改跑一些短距离，或者尝试一下越野跑、铁人三项，或者把目标定为跑遍全国。又或者忽略完赛时间，跑一次完美的匀速马拉松。

有时，你的挑战也许仅仅是在某个心塞的日子能够鼓足勇气迈出家门。

跑步的一大魅力是它丰富的内涵，从中你可以学到很多，当然它也会带给你各种各样的挑战——我们只需要投身其中并享受它。

Note

守则 1.54

Everything a runner needs to know, and then some

雨中跑步的最大障碍：湿身

话又说回来，一旦你湿身了，那就认了吧。

其实只要穿着得当，在雨中跑步绝对是一大享受（湿身的最大危险来自低温症，即便周围环境温度并不低）。而一旦浑身湿透，你也不在乎多淋那么一点儿雨。

我有几次很棒的雨中跑步体验，从毛毛细雨到瓢泼大雨。在雨中跑步，你周围弥漫着泥土和雨水的清香，雨点洒落在皮肤上的感觉舒服极了，虽然可能在那些从车窗里瞥见你或者在街上赶忙奔回家的非跑者眼中，你显得是那么格格不入。

即便如此，你也可以调侃一下那些在大雨中狂奔的路人："怕什么，反正人体中 2/3 都是水。"

守则 1.55

Everything a runner needs to know, and then some

携带身份证明

我的一个好朋友，《跑者世界》的品牌编辑沃伦·格林尼（Warren Greene）是一个极健康的人。作为一名跑过很多马拉松赛事，并且准备跑上一辈子的资深跑者，2005 年 8 月的一次 10 公里跑对他来说显然是小菜一碟。那天，他从位于宾夕法尼亚州艾伦镇的家中出门，向西往特雷克斯勒公园跑，一切如常。他跑完前几公里都没事儿，在绕过雪松海滩公园后往回家方向跑的路上也没问题。

这时，他脑袋里的动脉瘤破裂了。

这问题就大了。

当然，沃伦当时并不知道那是动脉瘤，他只觉得脑袋好像突然撞了墙似的疼。幸运的是，此时他已经快到家了。他一瘸一拐地挪进家门，向妻子描述了自己的症状，他们立刻就去了急诊室。

医生在给他做了脑部扫描后确诊为动脉瘤破裂，第二天一早沃伦就做了脑部手术。

谢天谢地，沃伦最后没事，真是好险！这段经历最后也没那么吓人，但细想却并非如此。那天，沃伦身上没携带任何身份证明，他平时跑步也从来不带。他极有可能倒在离家几公里外的地方，急救医生不得不去查他的身份，鬼才知道他是谁呢，更不用说该怎么通知他的家人了。

现在，沃伦每次出门跑步都会戴一个有身份信息的手环，我也是。你也该戴一个。为了求个安心，这大概是一名跑者最应该做的一笔投资。

守则 1.56

Everything a runner needs to know, and then some

最好的音乐播放器在你心里

我出门跑步从来、从来不戴耳机。

在你准备心塞地翻过这一页，或者准备骂娘之前，先听听我的解释：我并不是要痛批带着 iPod 跑步的行为。很久以前我就知道，对于跑步时该不该听音乐，两种观点的拥趸各执一词，谁都无法说服对方。

我只是简单地分享一下我的故事，听不听由你。

在 iPod 和各种音乐手机还没有诞生之前，我骑车和跑步的时候就会带着自己的音乐播放器，它就在我心里。

这才是真的酷炫。

我的心灵播放器不需要电池也不需要基座，跑步过程中从不会关机，也不需要跟电脑同步，出门的时候也从来不会忘带，当然也绝不会被新版本淘汰。

它完全是无线的，重量为零，无论何时何地，我需要的时候它都在。

我的心灵播放器能完美地跟身体协调运作、能检测到应该播放什么样的曲调来配合我的配速。由于它由我神奇的大脑控制（内置潜意识处理器），它总能播出一些特别应景的精选集给我惊喜。

看看最近的例子：在一次蜿蜒越野路线的高强度跑中，我瞥了一眼身后，看朋友是否追了上来，此时，我脑海里突然响起了波士顿乐队（Boston）[①]的《不要回头》（*Don't Look Back*）。中途，当我们一群人一起沿着弯弯曲曲的溪流奔跑的时候，我突然听到克里登斯清水复兴合唱团（Creedence Clearwater Revival）[②]的《弯弯曲曲》（*Up Around the Bend*）——没错，就像我们正在跑的路线。（至于为什么我的心灵播放器最近总是在经典摇滚模式切换，这我就不知道了。）

没别的，这个独家音乐库能让我完全自由地运动、不会干扰我跑步的节奏，并让我可以时刻全方位地觉察周边情况。

我是不是还忘了说，这一切都是免费的？

真的，我的心灵音乐播放器不像最新的电子产品那么高级昂贵，但要知道，你无论拿什么来跟我换都没门儿。

---

① 来自美国波士顿的一支摇滚乐队，《不要回头》是他们的代表作之一。——译者注

② 流行于美国20世纪六七十年代的一支摇滚乐队。——译者注

守则 1.57

Everything a runner needs to know, and then some

在比赛或者长距离跑之前，一杯浓咖啡是你的最佳伴侣

科学表明，咖啡因能提升运动表现。我自己的经验是，在我之前的很多跑者也这么觉得—— 咖啡能带来额外的刺激效果。而且除了提升运动效果之外，咖啡本身也值得你好好品味，我在这就不细说了。这么说吧，在跑前一小时喝一两杯咖啡已经是我跑步的一部分了。

你也试试，谁喝谁知道。

Note

守则 1.58

Everything a runner needs to know, and then some

常规路线，才是真正的跑步路线

听起来有点儿不明白？但这是关于“什么样的路才是一条好的跑步路线”这个问题的最佳答案。好的跑步路线并不仅仅是你跑过的一系列公路、街区和小路的简单组合。

任何一个有过一段跑步经历的跑者都知道我在说什么。一条真正的跑步路线，不仅仅在于它经过哪些地方。每一条跑步路线都有它的历史、它的特点、它的名字。一条路线可以短而美，也可以长而丑；可以在城市里，也可以在郊外；可以有很多坡，也可以一路平坦。一条好的路线会随着时间推移成为你跑团的一员，一条好的跑步路线也会带有你们跑团深深的印记。

所以，你怎么知道一条路线何时会成为一条真正的跑步路线呢？只要你的跑团中有两个以上的跑友能说出它的名字，即使不用多说也不会搞错是哪条路线。

当有人建议去苏珊七线（Susan Seven）跑折返；或者去鱼饵店环线（Bait Shop Loop）刷圈；或者只要说第五大街（Fifth Street），所有人都知道这个路名代表什么，恭喜你，你已经有了几条真正的跑步路线。

五种路线命名方法

1. 根据空中俯瞰路线的形状来命名——就像古时候人们给星座命名那样。（举个例子：电话环线［Phone Loop］，这是因为从天空中俯瞰，它就像一个老式的电话。）

2. 用路线中的一个或多个路名来命名。（例如：第五大街环线；磨坊路［Mill Road］。）

3. 用路线上或附近的地标或小镇命名。（例如：鱼饵店环线；韦拉克鲁斯线［Vera Cruz］。）

4. 以人名命名——通常是用发现或推广这条路线的跑者的名字。（例如：苏珊七线。）

5. 根据一些虽然不是很形象，但是很好理解的特征。（例如：山环线［Hill Loop］。）

守则 1.59

Everything a runner needs to know, and then some

要分辨疼痛和不舒服的区别

年轻的艾伦·韦伯（Alan Webb）是在1999年打破吉米·莱恩（Jim Ryun）高中时创造的一英里[①]跑纪录的天才选手。对于艰苦的训练，他说道："训练中会有很多不舒服和痛苦。让它去痛吧，痛苦只会让我跑得更快。"

跑步都是不舒服的——追求它、感受它、针对它、克服它。并且当疼痛偶尔不可避免地出现时（通常是你攀上顶峰或是冲过终点线时），它也会很快消失。

只有你自己才能够感受其中的区别。尽力去识别并作出相应的反应：如果疼痛已经影响了你正常的跑姿，或导致你极度的不适甚至使你开始担心你的健康了，天啊，你还是停下脚步并寻求帮助吧。

还不明白？那还是算了。

① 1英里约为1.6公里。——编者注

守则 1.60

Everything a runner needs to know, and then some

明智地选择你的文身

这永远是一个好的忠告，不仅仅是对于跑者。一个你在 23 岁时文上去的超级酷炫的部落图腾， 在你 85 岁时看起来就不那么酷了，你还不得不向护士解释说这不是皮肤的健康问题，它是波利尼西亚的一种符号，象征着“自由精神”。跑者身上的文身分为两种：

- 跑步 / 比赛型。这里指的是那些“42.195”① 的文身或者那些文在脚踝上的跑步的小人儿——或者更精致一些，可能是个跑步的钢铁侠。这相当于一个写着“我爱跑步”的车贴，只不过它在你身上，而且你不能用刀片把它刮下来。
- 酷炫/坏坏型。那些文身并不会大声嚷嚷着“跑步”，甚至完全与跑步无关，只是为了使其主人看上去很酷。最典型的是文身的主人通过文字和图形表达他们遵守的戒律，或者直面的困难和挑战。想象一下那些“喷火的巨龙”图案或是“战无不胜”字样的文身吧。

如果你决定去文一个关于跑步的文身，先确保你会把跑步进行到底。

---

① 这里原本是 26.2，代表马拉松全程的长度 26.2 英里，换算成国内使用的公里数为 42.195 公里，故“42.195”这个数字更为国内跑友熟悉。——译者注

我就没有关于跑步或任何其他的文身。如果我决定去文，可能会选择用日语文一个跑步的“喘息声”。

这里再次忠告：文身前，请三思。

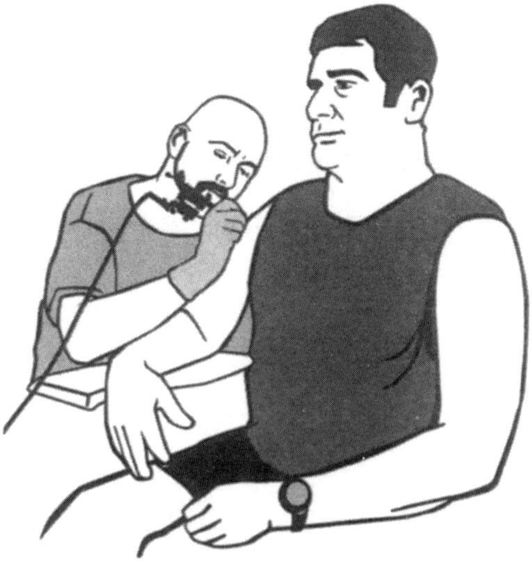

守则 1.61

Everything a runner needs to know, and then some

不必强求，跑者高潮会如期而至

跑者高潮有点儿像性高潮。不要笑，我是说真的。

这两者都是生理反应，都能带来强烈的愉悦感以及多少都有些令人抓狂地难以捉摸。有些人能定期感受到跑者高潮；也有些人即使跑完长距离或高强度训练后，还是充满了挫败感。这个情况很有意思，只是，你要知道……它是突如其来的。

不管你渴望的是哪种高潮，我的建议都一样：放松。心里别总是想着达到目的，多关注过程。听从你身体的感受、呼吸，好好享受，就可以了。

现在，跑者高潮会反复到来……

守则 1.62

Everything a runner needs to know, and then some

别再狡辩了，没时间不是你不跑步的借口

不跑步的理由可以有 100 个，但绝对不包括没时间。为什么这么说？跑上 20~30 分钟就能帮你清空大脑、厘清思路、保持清醒、做事更有效率与活力，比喝咖啡和打瞌睡有用得多。

所以，当你感觉自己精力透支、超负荷运转时，放下手中的事，换上跑鞋去跑一下。你一定会受益匪浅。

Note

守则 1.63

Everything a runner needs to know, and then some

遇见跑步大神，请淡定

与大多数体育运动相比，路跑具有无可比拟的平等性。你可以和那些最出色的精英选手一起参加比赛，同时还会跑相同的路线。在几分钟或几小时后，你们也会抵达相同的终点。

这是很多跑者多次提到并感到兴奋的事情。

但是，当你遇见这些跑步大神时该做什么？关于这个问题，至今也没有令人满意的探讨。如下表格列举了这种情况下的可以和不可以的行为。

可以	不可以
• 对这位运动员微笑或挥手	• 为这位运动员提供训练建议
• 告诉他（她）你是他（她）的超级粉丝	• 询问这位运动员他（她）的薪水是多少
• 祝贺他（她）最近的出色成绩	• 因为太紧张而吐了这位运动员一身
• 在时间地点适宜的前提下，向他（她）索要合影或签名（如果这位运动健将正在用餐、祷告、睡觉、沐浴或比赛，上述行为就不适宜进行）	• 让他（她）在你身上的某个部位签名，尤其是那些泳衣覆盖的部位
	• 亲吻
	• 索要一缕头发
	• 讨要 20 块钱

守则 1.64

Everything a runner needs to know, and then some

水泥并不真的比沥青硬

这是那些你一次次听到的老掉牙的谣言之一，通常是那些具有防备心的跑者，在听到批评者说他们应该在人行道上跑时，用来辩驳的。

“我是个路跑者，”他们一边吸气一边说，“我要在路上跑。”

另外，他们还会接着说：“还有，在水泥地面上跑步要比在公路上跑步更糟糕。”

简直是瞎扯蛋！

借助精密的仪器，科学家们可以测量出水泥和沥青两者在减震方面的区别。但是你的关节不会感觉到这种区别，除非你只在水泥地面上跑步，或者在那上面一跑就跑好几公里。

如果你需要一个不在人行道上跑步的借口，试试从“杂物、行人、坑坑洼洼太多”这样的角度来说吧。

另外，小心那些科学家们。

守则 1.65

Everything a runner needs to know, and then some

跑过别人身边，记得打招呼

作为一个跑者，你常常会超越其他也在跑步的人。不管你跑得多慢，这事总会发生，因为总有一些人跑得比你更慢（参考守则 1.49）。作为一种礼节，你应该先打招呼，让他们知道你要超越他们。

打招呼的合适距离是 4~8 米，具体取决于你的速度。你可能会发现招呼打得越早越好，原因是在实际超越前，超越者能够给被超越者的大脑足够的时间来处理这种信号。

这种打招呼的行为可以通过一系列方式进行：咳嗽、拖动脚步的声音、口头警告，比如“注意”，有时像使劲吸鼻子这样简单细微的动作也可以起到效果。在其他场合下，比如在相对嘈杂和拥挤的公园里，你可以通过一声礼貌的“抱歉”或“要从左边超过你了”来解决问题，这取决于你自己的判断。

注意：在这种情况下，用手持扬声器发出讯号是不太合适的，不管这样做有多搞笑。

守则 1.66

Everything a runner needs to know, and then some

狗不会伤人，不过也有例外

大多数的狗不会伤人。当它们看到一个跑者经过的时候，会吠两声，这是自然规律。你需要做的就是继续跑——不要与它发生眼神接触，它可能会觉得那眼神有威胁的意味。狗会狂吠不止，直到你在它的视野中消失，或者其他事情吸引了它的注意，比如一片草叶之类的。就是这么回事。

你偶尔也会遇到一些不满足于向你吠叫几声的狗，它们还想用牙咬你。从兽医学角度讲，这种狗就是人们所说的疯狗。

无论什么时候，离这种狗远一点儿。

如果一条具有攻击性的狗向你发出威胁，你应该用低沉的声音大喊“别过来”，并尝试用一些东西把你们隔开，比如一辆自行车或一个小孩之类。

说用一个小孩当然是在开玩笑。它们还是会咬你，并且它们也听不懂你说的“别过来”。

毫无恶意　　　　充满恶意

守则 1.67

Everything a runner needs to know, and then some

永远不要低估一句老套口号的作用

别问我为什么，那些愚蠢的、煽动性的、廉价的陈词滥调，一旦用在跑步的时候，就能变得非常的鼓舞人心。这种变化堪称神奇。

我的口号类似于“永不放弃”或者“逆境让一些人打道回府，却让另一些人打破纪录”。在其他时候听到这些老套的格言，人们大多会翻个白眼。但不知出于什么原因，在比赛中或赛场周围听到或看到的这些口号，却能发挥不同寻常的作用。

我还记得那次在我的家乡宾夕法尼亚东部的半程马拉松经历。我跑到了16~18公里处，开始感觉疼痛来袭，那时的我感觉跑得分外孤独，努力抑制着干脆放弃努力、散步到终点了事的冲动。谁知道会怎样？而那又有什么区别呢？

就在那时我抬头注意到了另外一个跑者的T恤背面。那上面印着史蒂夫·普利方坦（参考守则 1.10）的一句话：“不尽最大努力，就是在浪费你的天赋。”

我差点儿哭出来，真的。

哦，对了，如果你想要一句不那么老套的口号，可以试试本杰明·富兰克林的这句话：“那些让你受伤的东西，也让你成长。”

我很确定本杰明不是一个跑者，但这句话却让人开始怀疑他到底是不是。

守则 1.68

Everything a runner needs to know, and then some

做最坏的打算

我不想让自己听起来很悲观，真的。但是想象最坏的情况可以让你成为一个更快乐、更健康的跑者。这条规则经得起各种日常情况的检验，比如：

我敢打赌我能比那辆房车先跑过这个交叉路口。

最好的情况：你努力向公路另一端冲刺，比房车快了那么一点儿。

最坏的情况：你努力冲进公路，死了。

最后的决定：等待。

这周末的比赛我可能不需要戴帽子。

最好的情况：你把帽子落在了家里，实际上你也不需要它，你的行李箱因此轻了56克。

最坏的情况：你把帽子落在了家里，比赛那天你在醒来时出现体温偏低的情况，在跑到15公里的时候因低温症而晕倒，最后发现自己在一个浑身散发着大蒜味儿的比赛志愿者的“热身”帮助下醒来。

最后的决定：戴上帽子去比赛。

长跑之前我通常吃麦片，可是那些剩的墨西哥卷饼看起来很不错啊。

最好的情况：你把剩的墨西哥卷饼吃了，并且按计划完成了长跑。

最坏的情况：你把剩的墨西哥卷饼吃了，按照计划开始长跑，不过在3公里处就结束了。这时你因为不舒服而弯着腰，感觉好像撒旦正拿着一把沾满塔可酱[①]的火焰叉从你小肠中穿行而过。

最后的决定：烧点热水，因为你要驾着一列“全麦火车”去贵格城了。

这样的例子还有很多很多。但是你要了解这一点：做最坏的打算，抱最好的希望。并且，坚持吃麦片。

① 一种墨西哥辣味番茄酱。——译者注

七宗罪：跑步篇

贪欲

表现：在自己的跑鞋还很好的情况下，依然对一双新上市的 Kayanos 跑鞋流口水。

暴食

表现：赛后从食物补给桌上抓走比自己需要的多得多的香蕉和橘子。

贪婪

表现：在网上卖掉自己的波士顿马拉松完赛奖牌；试图以两倍的价钱把纽约马拉松参赛资格转手卖给另一个绝望的跑友。

懒惰

表现：我想这桩罪行的表现众人皆知了吧。

愤怒

表现：当跑步装备店的售货员告诉你新上市的 Kayanos 跑鞋没有你的尺码，并且在 6 个星期之内不会补货时，你就大发脾气、风度尽失。

嫉妒

表现：觊觎隔壁邻居的妻子的半程马拉松个人纪录。

骄傲

表现：每次跑过店铺窗户都忍不住审视自己的造型。

The RUNNER'S RULE BOOK

参赛

菜鸟变身：细节决定成败

这一部分我们讨论比赛号码布、蹭跑现象、赛后补给、弯道切入、搞笑的比赛照片、“史泰龙定律”和赛道上那个神秘的“禁止非法进入”的标志。

守则 2.1A

Everything a runner needs to know, and then some

不要抱怨比赛报名费太高

嘿，没人用枪指着你的头（如果他们真的这么做，你的麻烦才大了呢）逼你花钱。不想付这些费用？去找个规模小一点儿的比赛吧。但是不管怎么样……

守则 2.1B

Everything a runner needs to know, and then some

参赛就要付钱

蹭跑就相当于偷窃，这道理简单明了。

如果你准备强词夺理——用一大堆编造出来的合理化借口为自己不花钱就参加比赛申辩，省省吧。那些理由我都听过，都是胡扯。

参加比赛确实需要花钱。如果你承担不起那部分费用，比赛那天仍然有其他很多条公路空着可以供你跑步用。

跑步是免费的，参加比赛却需要花钱。

守则 2.2

Everything a runner needs to know, and then some

想了解一个人，就跟他跑一场接力赛

俄勒冈的 Hood to Coast 接力赛[①]总长 315 公里，从胡德山（Mount Hood）出发一直到太平洋海岸截止，参赛者通常结成一支 12 人的队伍。像这样充满乐趣、令人不可思议且极富挑战性的比赛，是了解一个人的极佳方式。

没有什么比与他人在满是汗水、装备袋、面包屑，门把手都被樱桃味的可乐弄得黏糊糊的厢式货车里共处不眠的 24 小时，更能把一个人的性情去伪存真了。

凌晨 3：30，当你在某条只有上帝才知道叫什么的乡村路线上，身处拥挤不堪的厢式货车里，用尽全力想要在满是腿的地方休息一会儿时，你就能瞥见人性中最好和最坏——当然，还有最臭的一面。

① Hood to Coast 是在美国俄勒冈州波特兰市举行的一个大型马拉松接力赛，每年共有千余支队伍参加比赛，每支参赛队伍中有 12 名队员进行接力比赛。——译者注

守则 2.3

Everything a runner needs to know, and then some

制订打包清单

是的，这很书呆子气，但一份比赛出行前的打包清单可能会拯救你。在这份清单里，没有什么东西是“显然”不会被遗忘的，即便是你的跑鞋。

根据比赛地有多远以及比赛的季节，这里是一些你可以考虑列入清单的选项：

跑步装备

- □跑鞋（和备用跑鞋）
- □轻薄的跑步风衣或背心
- □比赛服
- □备用的跑步衫和短裤
- □跑步袜
- □羊毛套头衫或保暖外套
- □跑步裤或紧身裤
- □跑表（如果有，也带一个备用的）
- □ID 手环
- □太阳镜
- □针织帽
- □遮阳跑步帽
- □薄手套

营养补给

- □比赛日的能量胶、能量豆、能量棒（如果你计划携带）
- □运动饮料或调制饮料
- □旅途中的健康零食（水果、谷物棒、椒盐脆饼，等等）
- □一些赛前你需要但当地没有的食物

电子设备

□手机
□手机充电器
□ MP3 播放器
□ MP3 播放器底座或充电器
□旅行闹钟

其他

□读物（帮你在赛前把脑袋清空，如果有必要的话）
□一次性雨衣[①]（万一下雨了呢）
□前往赛场的路线图
□报名确认函
□创可贴
□备用别针
□凡士林
□乳酸丸

相关注意事项：越不可能忘记的东西越容易被忘记。我的一个女同事——一个资深的马拉松跑者，有一次为了参加一场路途遥远的比赛而刻苦训练，然后精减、打包行李，启程……然后才意识到：她忘了报名了。

哎哟喂！

① 原文是大垃圾袋，西方人用大垃圾袋当一次性雨衣使用。——译者注

守则 2.4

Everything a runner needs to know, and then some

赛场购物须谨慎

马拉松博览会是一个神秘的地方，常规的销售和消费规律在此都不起作用。

你不需要再多买一件汗衫吗？一条短裤？一套紧身衣裤？或一双鞋？一袋能量胶？或者一副新款的太阳镜？

谁在乎呢？你可是在博览会啊！你刻苦训练，来到这里，在过去的几个月都没好好地对自己。现在，这是属于你的周末。去吧，少年，你应该纵容自己一把了，买块比赛纪念牌，买顶帽子，买一个“鬼知道这是什么”，管他呢！你知道吗？谁在乎买的是什么，你就是要买！买！买！

如果你的可支配收入足以应付这样的肆意挥霍、购买自己实际上并不需要的东西，那就去吧！祝购物愉快！

守则 2.5

Everything a runner needs to know, and then some

意面没有那么神！

耐力跑和意面总是息息相关，甚至让你开始怀疑这两个产业是不是同谋。（也真是巧了，上一个正在研究这一观点的记者在提出这个问题不久后，就被发现死于长岛的一间仓库里，被埋在 3 吨通心粉下面。）

我要强调的是，在一场长距离比赛的前一晚吃意面不是个坏主意。如果你想吃，也喜欢吃，那完全可以！我在比赛前一天的晚餐通常也会吃一盘管面①。

但意面本身并没有什么神奇的，它只是面粉和水的组合而已。

所以，比赛的前一晚只要在健康和安全的范围内吃你喜欢的食物即可。（吃鞑靼牛排，或者在简陋的墨西哥餐馆吃夏宾奴辣椒豆卷饼拼盘②，可能都不是好选择。）拜托，也不要吃任何你从没吃过的东西！

不用想太多，顺从你的胃，你会没事的。

---

① 管状且中间为空心的意面。——译者注

② 夏宾奴辣椒（habańero）产自墨西哥，辣味非常持久，会令口腔麻痹。——编者注

守则 2.6

Everything a runner needs to know, and then some

冲破赛前梦魇

你在跑步——确切地说是意识上想跑，但整个人像被浸在糖浆里一样动弹不得。你想正常地跑步但又做不到，而且越使劲儿越糟糕。你的肌肉没有反应，你的关节僵硬，你的四肢也不听使唤。

你移动的每一步、每一寸，都是煎熬，让你精疲力尽。

听起来似曾相识，是吗？这对我来说却很真切。我经常在比赛前几周做这样的梦——有时甚至是在没有比赛的日子里。大部分跑者好像都会碰到这种情况。造成这种情况的罪魁祸首是普通的焦虑，或者“快速眼动”（Rapid Eye Movement，简称 REM）睡眠麻痹[①]。在这种情况下，你的肌肉会突然感觉僵硬。

不过，这也没什么好担心的。相反，这很正常。类似的梦境还有：你听到了起跑枪声，但你还在离起点一公里的地方；或者你还在起点疯狂地找你比赛要穿的跑鞋，等等。

尽量不要去理睬这些梦境，就把它们当作你对一场大赛的心理准备吧。

但是，如果是有关你妈妈骑着马在主题公园里追你的梦境呢？不好意思，那是你自己的事。

---

① “快速眼动”是人睡眠中的一个阶段，处于此睡眠阶段的眼球会快速移动，它是全部睡眠阶段中睡眠状态最深的，此时四肢肌肉会进入暂时的麻痹状态。——译者注

守则 2.7

Everything a runner needs to know, and then some

填写号码布背面的信息

你知道你的比赛号码布反面的样子吗？其中一些空栏是给你填写你自己的信息的，比如：姓名、地址、紧急联系人。没错，记得填写它们。

我知道，这看起来有点儿傻，也有点儿麻烦。（去哪儿找一支圆珠笔呢？）而且在绝大部分的情况下，写不写它们都没什么区别。

但是，万一它有用了呢？

抽一分钟时间，找一支圆珠笔或记号笔，填上这些信息。这对你、你爱的那些人、比赛的医疗总监，甚至整个圆珠笔产业都会更好。

这是“四赢”！

守则 2.8

Everything a runner needs to know, and then some

把号码布别在身前

不要别在你的屁股上或者背后，别在前面。否则比起其他“正式选手”，你看起来就像个“蹭跑的”。

更糟的是，官方摄影师要怎么识别你呢？

Note

守则 2.9

Everything a runner needs to know, and then some

学着享受“比赛日早晨的陶醉”

那是一种在比赛日的早晨就会如预期般出现、默默地围绕着你的光环，从你起床的那一霎那开始，直至起跑发令枪鸣响。结合赛前那些固定的仪式，这会是你有生以来能感受到的最好的体验之一。

很难仅仅用语言去描述“比赛日早晨的陶醉”，我只能说当你感受到它的时候，你就知道了。你会希望用瓶子把它装起来，这样每天都能享用一点点。但那不可能，最好也不要这样。

相反，尽情地享受它吧，把这“美好的沉醉”一饮而尽。

然后深呼吸——开始比赛。

守则 2.10

Everything a runner needs to know, and then some

起跑前系紧鞋带

在比赛中所有可以预防却实际发生了的让你捶胸顿足的状况里，没有系紧鞋带这条肯定位居榜首。这个问题不仅让业余跑者们感到烦恼，也困扰着那些精英跑者们，而且你绝对找不出借口。

就当是帮自己一个忙，热身后务必花几秒钟时间把鞋带系紧。

Note

守则 2.11

Everything a runner needs to know, and then some

奏国歌时请脱帽

这是最常见的礼貌和行为举止，即便是在比赛中，即便你的帽子带有科技性排汗功能，当国歌奏响时请脱帽以示敬意。

Note

守则 2.12

Everything a runner needs to know, and then some

忽略第一公里

大型比赛的第一公里通常都很混乱，大量肾上腺素的堆积让每个人都想比别人快一小半步。

你会看到很多人在比赛最开始的几分钟内疯狂地“超车”。忽视他们吧，镇定点儿，跑你自己的。那些加速、在人群中穿梭、猛冲的人都会浪费大量能量，你很快就会反超他们，很可能比你想象的来得还要快。

Note

守则 2.13A

Everything a runner needs to know, and then some

与退赛的念头做斗争

正常情况下，几乎在每一场比赛里的某些时刻你都会有想退赛的念头。认清这个事实并迎接它。训练期间，预期一下在这个念头出现时，即当你的身体背叛你的头脑想要罢工那会儿，你会如何反应。

守则 2.13B

Everything a runner needs to know, and then some

但如果你真的退赛了，那就平静地接受自己的决定

不要“没完没了”地纠结。把它记录到你的经历中，然后发誓下次会训练得更好。让过去的过去，改天再去跑下一场比赛。顺其自然吧！

守则 2.14

Everything a runner needs to know, and then some

感谢赛道旁的乐队

乐手绝不是会喜欢早起的那类人。但他们却这么做了，在黎明前的黑暗中开着货车到达天知道有多远但却被要求抵达的地方，架起乐器，尽情摇滚！

或者，尽情地爵士。又或者，尽情地打鼓、尽情地布鲁斯、尽情地卡吕普索[①]。重点是，他们是为了你而在用心地演奏，就为了激励你。你真的应该尽己所能地感谢他们。

你如何感谢他们取决于你跑得有多快以及你感受到了多大的痛苦。具体做法请参考图 2-1。

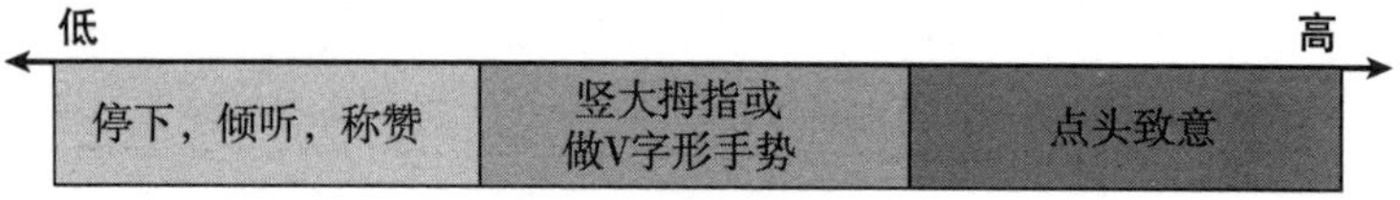

图2-1 速度/痛苦

---

① 卡吕普索（Calypso）是一种加勒比黑人音乐风格，20 世纪中叶起源于特立尼达和多巴哥。——译者注

守则 2.15

Everything a runner needs to know, and then some

你会听到《洛奇》的主题曲

对路跑运动员来说，问题不是“是否”，而是“何时”听到了电影《洛奇》（*Rocky*）①的主题曲。

在任何比赛中，无论是通过起终点的大音响，还是沿途观众中的乐队，你听到《洛奇》主题曲的概率是75%。如果比赛在费城举行，那么你听到这首曲子的概率会立刻飙升到98%。

一个鲜为人知的事实是：无论地点、年龄、性别、种族、收入，67%的跑者在听到《洛奇》主题曲时的反应都是高举双臂，挥舞拳头。

这是对“史泰龙定律”的又一次明证。

虽然不可思议，但却是事实。②

---

① 《洛奇》是一部1976年由史泰龙主演的美国电影，讲述一个寂寂无名的拳手洛奇·巴尔博亚获得与重量级拳王阿波罗·克里德争夺拳王的机会，是一个典型的美国梦的故事。《洛奇》的主题曲经常在热血的体育比赛场合播放，其故事背景所在地是费城。——译者注

② 这不是真的。

守则 2.16

Everything a runner needs to know, and then some

别讲脏话

比赛是一种适合家庭参与的活动……至少本应如此。

这并不意味着每场比赛的每分每秒都要绝对纯洁，但是为了社区文明和偶尔出现在人群中的小耳朵，请尽可能少说脏话。

设想一下比赛就是一场户外电影，除了看的不是胶片以及没有爆米花。一群陌生人聚在一起，沉重地呼吸，任佳得乐[①]流淌在胸口。

一条有用的经验准则是：如果你在看一场《哈利·波特》电影时不会说出口的话，那么也不要在比赛中说。

① 佳得乐（Gatorade）是一种运动饮料。——编者注

守则 2.17

Everything a runner needs to know, and then some

准备一条咒语

“凡是值得做的事都不容易。”……“为了[在此插入姓名]而做。”……“再跑一公里。”……“放松，加油。”

不管你选择哪一句，在你感到难以坚持的时候，最好有一句咒语可以依靠。不断地对自己重复这句话，能够让你只专注于一个焦点——或者分散注意力，取决于你怎么看待它。如果你在高强度和长距离训练中也使用同一句咒语，效果会更好。（一些人——包括我自己会告诉你，找到一句好的咒语也是训练的一部分。）

有时，用一个词语的效果也不错。比如说，“稳住”或者“慢慢地”“啤酒”。（“无醇啤酒”不行，简直弱爆了。）

守则 2.18

Everything a runner needs to know, and then some

排在你应该排的区域

想不想看一个有趣的社会学实验？去那些会有“每公里配速”标识的大型比赛的起点。注意那些指示牌上写的“4：00”（每公里配速 4 分钟）、“5：00”（每公里配速 5 分钟）、“6：00”（每公里配速 6 分钟），等等。

看看聚集在这些配速标识周围的人，你从没想到居然会有这么多跑得这么快的选手，对吗？

好吧，告诉你一个秘密：他们没有那么快。

一些跑者排在这些标识牌后面，是因为他们确实有能力也期望在比赛中跑出这样的速度。还有一些跑者则完全是妄想自己能跑得这么快，或者是因为他们不守秩序。

无论是哪天，你都清楚自己在比赛中能跑多快，最多与之有一些小小的出入。诚实一点儿，也对其他选手公平一点儿，排在你应该排的区域。

守则 2.19

Everything a runner needs to know, and then some

不要露胸

各位：跑步的时候不穿衣服没问题，但如果在比赛的时候不穿衣服那就是没教养。

我们没办法很好地解释这是为什么，但事实就是这样。

一次炎夏的日常跑步训练会是一个很好的赤裸上身跑步的机会，如果你有足够的自信去脱的话。

但是比赛却不一样。

可能是因为比赛本身所带有的神圣的气质（你会不穿上衣去教堂吗？），也可能仅仅是因为有很多双眼睛同时盯着你，或者两者兼而有之。

不管出于什么原因，在比赛中要求你把乳头遮起来，这是正确的做法。

另外：如果你穿了上衣，那么在胸前别上号码布也会舒服一点儿。

守则 2.20

Everything a runner needs to know, and then some

"看起来不错"……
和另外10句跑者在比赛中互相诉说的谎言

在正常情况下，我们并不赞同撒谎，但比赛不是正常情况。这就是为什么你在30公里处对一个跑友谎称他"看起来不错"是能被接受，甚至被赞扬的，而事实上，他看起来就像个失眠的僵尸，想打哈欠却打不出，似乎是因为有人用水泥跑鞋调换了他常用的跑鞋而困扰不已。

如果遇到以上情况，无论如何，撒谎吧！

在这样的场合下，使用能激励人的谎话已经是老套路了。"你看起来真棒！"不同的说法还有："你太厉害了！""你跑得很轻松！"……还有混合的："你看起来太厉害了！"还有最残忍的谎话："马上就要到了！"（在马拉松比赛中，你可能从10公里开始就不断听到这句谎话。）

这些谎话都很好，甚至如果没有这些的话，一场比赛也就不能成为一场比赛了。如果你想用一些更具原创性的语言，可以试试这些：

- 你跑得很轻松啊，我猜一定有人给你的关节喷了润滑油。
- 我要向组委会揭发，你一定是刚刚才混进赛道的，因为你看上去还是那么精力充沛。

- 如果不是感激你带我跑得这么轻松，我一定会因为差点儿被你的帅气迷倒而愤怒不已的。
- 从正确的角度来看，我敢肯定，我检测到了围绕你周围的那个看得见的力量光环！继续跑，你的能量一定会辐射到其他人的！
- 你跑得真美，上帝的小生灵！你的存在让这次路跑赛得到了升华！

如果你实在没办法撒谎，也有很多中立的说法：“加油！”以及“哇喔！”不管是真话、谎言还是中立说法，重要的是说点什么。即便是一具“僵尸”，也会感激你的鼓励的。

Note

守则 2.21

Everything a runner needs to know, and then some

“硬撑”无益

某天、某处，你正在比赛时，突然觉得肠胃一阵翻腾。你想等这阵翻腾自己消失，但它没有。反而，它慢慢地变得更严重了——好吧，如果是“慢慢地”那你还算幸运，你的体内有一种熟悉的、不舒服的、讨厌的感觉。

很快，你就发现了赛道旁的洗手间——如果你足够幸运。你将突然面临一个艰难的选择：我是该停下几分钟方便一下，但这很可能会毁了比赛，且会让完赛时间达不到目标，还是该继续坚持，期待情况会有所好转？

这个问题只有你能回答。只有你自己知道你有多不舒服、问题有多紧急以及这场比赛对你有多重要。

就我而言？我通常宁可去上厕所，只要这能让我有所好转，对此我从没有后悔过。说真的，我周围其他人也是。

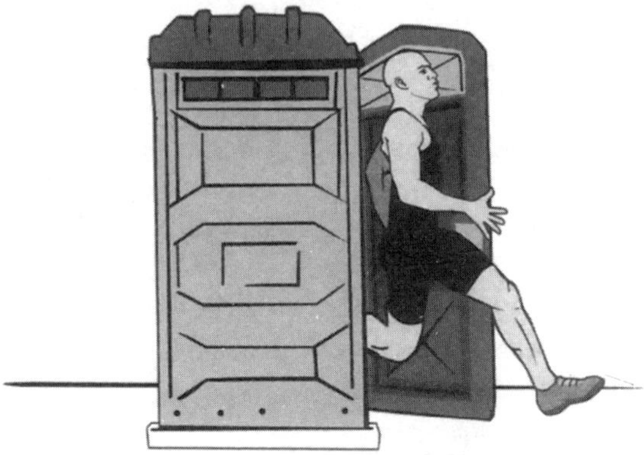

守则 2.22

Everything a runner needs to know, and then some

避免冲撞

这里说的并不是“撞墙／能量耗尽”那种情况。

大部分人并不会觉得赛跑跟冲撞有什么关系，它不像自行车赛、房车赛和滑雪。但跑者在比赛中一样也会摔倒，跌倒在地或连环相撞。

碰撞通常发生在起跑时的拥堵阶段，肾上腺素和手舞足蹈相结合，会酿成最后的悲剧；在比赛的后程（通常是最后的赛段），精疲力尽的跑者失去了对身体的控制力，地上小小的裂缝或突起，就可能冒出来绊倒你；或者当一些跑者一起急转弯时。

最可能发生的就是踩到别人的脚跟或者被大骂一声。你要么撞到其他跑者，要么撞到地面，或者两者兼具。但并不会像 NASCAR① 车手那样翻车或者冲进火海。（尽管，观赛的观众可能会好奇发生了什么）不过，肯定会发生赛道拥堵。

所以记住：警觉一点儿，和前面的跑友保持距离。

① NASCAR（National Association of Stock Car Auto Racing）：全美运动汽车竞赛协会。——译者注

守则 2.23

Everything a runner needs to know, and then some

不要啪嗒啪嗒、叮叮当当的

出于对周围跑者的礼貌以及对自我的保护，请安置好你口袋和腰包里的东西，从钥匙、零钱到能量胶、盐丸。特别对于长距离跑步比赛来说，这是很重要的——没人愿意在一个“叮叮当当”的巨大罐子旁边跑步。如果你把东西都放好了，仍然听到啪嗒啪嗒和叮叮当当的声音，那么去看医生吧。

有一种情况例外：我有一次跑在一个心脏病患者旁边，他每一步都发出“咔咔咔”的声音。他解释说，那是他口袋里一瓶硝酸甘油药片相互碰撞发出的声音。在比赛中如果心脏病发作，他就要吞下一片药。只有这样的跑者才有权在跑步时发出声响。

守则 2.24

Everything a runner needs to know, and then some

不要偏离赛道

赛道是按照切线方向测量的——也就是假想中的，围绕弯曲处与拐角的最短线段。这意味着，对你来说转弯时最好、最快的选择是沿着切线方向跑：从路中间开始，瞄准转弯的那个角，在偏离方向之前就转弯。（如果你想观赏一下高速状态下漂亮的转弯，可以看一场多赛道的自行车赛或环行公路赛。）

但这并不表示你可以跳过围栏、跑到人行道上，或者偏离赛道来节约那几秒钟的时间，又或者躲开我们这些守规矩的笨蛋。

没错，那是作弊，这问题就大了。

守则 2.25

Everything a runner needs to know, and then some

别忘了感谢志愿者

即便你在跑人生中一场很重要的比赛，每一秒对你都很重要，你还是可以在接过水杯的时候给予志愿者们一些眼神接触或者点头致意。就好像即使你的小分队心急火燎地在赶路，你也来得及向站在路口的司令官道一声“谢谢”一样。

这会让志愿者感到舒服，也会让你自己感到舒服。

试试吧。

Note

守则 2.26

Everything a runner needs to know, and then some

想尿就尿

总的来说，既然这本守则是写给人类的，那么最首要的规则就是：人不能被尿憋死。特别是当你穿了一身紧身装备、喝了很多水并紧张地踱来踱去时（比如：跑者在等待出发时）。如果你憋不住了，那么尽快找到洗手间，实在找不到就尽量远远地找一排树或者灌木丛解决。

如果还是不行——比如，你在大型马拉松赛起点被人群团团围住而你实在憋不住了，那就蹲下来吧，该干嘛干嘛。尽量小心一点儿，并与周围人说声“抱歉”，再站起来，重新把注意力集中在比赛上。

以后在比赛前，少喝点儿水。

守则 2.27

Everything a runner needs to know, and then some

高瞻远跑

尤其是对于长距离比赛（一些距离稍短的比赛，比如5公里也适用），你需要考虑的是总里程，或者说离终点的距离，而不是仅仅关注你正在跑的这一刻。

你当然要想着总里程，以便自己的头脑和身体都能意识到还要跑多远。但与此同时，你首先还是要专注于此时此地。

这也是一个很好的人生隐喻，如果你同时也在探寻人生真谛的话。

Note

守则 2.28

Everything a runner needs to know, and then some

放松

这可能是关于比赛最有用的一条守则，并且它在不同的层面都很有效。

- 备战时要放松：紧张和焦虑只会让你受伤。
- 比赛前夜要放松：在这最后的阶段，你要么已经训练到位了，要么没有；现在一切只能听天由命，你可以放松了。利用这个时候，理所当然地好好休息一下。
- 跑前的几个小时要放松：除了简单的热身，可以想些愉快的事——或者干脆什么都不想。想象一下自己跑得很顺利、很快；想象一下你微笑地跑在路上；想象一下你冲过终点线的样子，然后去跑吧。
- 比赛中要放松：紧握拳头或耸着肩膀只会浪费你本应该用来跑步的力气。

哦，别忘了赛后放松一下，喝点儿你喜欢的能助你恢复的饮料。我的最爱是蓝点牌（Blue Point）精酿啤酒。

守则 2.29

Everything a runner needs to know, and then some

假装你是英国人

跑者们在比赛的起点通常都会因为过于兴奋而变得暴躁：他们就像即将被从笼子里放出来的猛兽；他们有一点点焦虑，再加上肾上腺素泛滥。然后，发令枪响起。突然，一个家伙用手肘给你来了那么一下，并超了过去。

毫无疑问，你怒火中烧，特别是在第一公里的时候。面对这种愤怒的一个聪明方式是：向英国人学习。不是学他们的伦敦腔，或者喝茶的方式……而是他们那种经久不衰的礼貌和谦逊。

没有什么比一个微笑、一句“抱歉”或“不好意思”更能缓和紧张气氛了。你也把手举高，手掌向前，不要伤到别人。这是一个全宇宙通用的姿势，用来表达“我没有恶意，我不是故意踩到你的鞋的”　。

守则 2.30

Everything a runner needs to know, and then some

比赛是对精力的管理

我不知道是谁第一个提出这条守则的，它实在太正确了。

比在离终点前一公里处精疲力尽更糟糕的事，恐怕只有跑完时还剩大把精力了。

Note

守则 2.31

Everything a runner needs to know, and then some

一路向前

你开着车，在高峰时段蜿蜒曲折地开下高速公路，突然一包口香糖或者一个瓶盖从窗口飞了出去。此时你会不会去踩刹车，并调头原路返回，穿过逆流的车河去取回你丢的东西？

在清醒的情况下，你绝对不会。

那么在比赛中我们为什么要这么做呢？在跑步中这么做可能不会死，但很可能会受伤。即便没有发生碰撞，看到一个人在人群中急停去捡一个能量胶或者手套也是件非常令人讨厌的事。

不要成为那个人，让它去吧。或者如果你丢的东西很贵重，在你确认安全的情况下退出赛道，再慢慢走回去捡。

再礼貌一点，说声“抱歉”……记得用英国口音。

守则 2.32

Everything a runner needs to know, and then some

无论如何要比穿奇装异服的跑者先冲过终点

因为如果被一头“喜羊羊”① 甩掉，那实在太丢人了。

① 原文是 Elmo，美国一档儿童教育电视节目《芝麻街》（*Sesame Street*）中的玩偶。——译者注

守则 2.33

Everything a runner needs to know, and then some

鼓励对手

你是否曾在比赛的最后路段紧追着另一个跑者，或者相反？或许这能让你们互相激励以跑得更快，真刀真枪地拼谁先撞线？这太棒了！（你们俩都是！）如此有益于彼此的竞争过程是比赛中最迷人的部分。

一旦冲过终点线，最好对你的对手作出一些友好的表示。与那个在最后阶段和你不相伯仲的跑友说一句祝贺的话、握一下手、拍拍肩膀。不管你们互相是用话语或行动吹捧对方还是战胜对方，你们都表现出了令人称道的体育精神。

拥抱和亲吻？还是不要了——除非你的对手是你的另一半，或者是欧洲人，或者二者兼之。

守则 2.34

Everything a runner needs to know, and then some

请不要在终点做俯卧撑

首先，如果你到了终点还有力气做俯卧撑，说明你没有对比赛全力以赴。你没什么好炫耀的，反而应该自责，并发誓下一次一定表现得更好。

其次，一个更实际的观点是：在终点——更糟的是，在终点线上做俯卧撑，可能会发生踩踏事故，让你有被踩到的危险。

在这种情况下，裁判和赛事总监是不会站在你这一边的。

Note

守则 2.35

Everything a runner needs to know, and then some

快速通过终点通道

尽可能不要阻塞终点的通道，尽量一直往前走。如果你必须把带着的计时芯片剪下来，按照你在急救站的原则：快速通过第一、第二、第三个站点，因为其他人都会在这些地方停留。你可以继续往前，走远一点儿就有为你剪芯片的志愿者了。

Note

守则 2.36

Everything a runner needs to know, and then some

终点的面包都很干，像药一样难以下咽

不知道为什么会有这样的规律。但是，从我吃到的比赛终点发的面包来看，都是这样。

守则 2.37

Everything a runner needs to know, and then some

你有理由挂着奖牌“显摆”

你是不是正帅气地（或者瘸着）走在镇上，脖子上挂着一块——让我们实话实说，廉价的奖牌？是的。有可能劝说你不要这么做么？不可能。你有权利沉浸在这样的自恋中。

那就这么做吧，把那玩意儿挂在你的脖子上。在比赛后挂着，吃晚饭时也挂着——见鬼，第二天早上去上班时也挂着。没有人有资格批评你，除非他们自己也得了一块。

Note

守则 2.38

Everything a runner needs to know, and then some

比赛照片总是拍不好

是的，总是。

布拉德·皮特可以充分休息、皮肤晒成棕褐色、化好妆、按摩好、做好保湿、着装专业地出现在马拉松比赛的起点，但当到了 20 公里处摄影师拍他的时候……好吧，他很可能看起来还是不错。毕竟，他是布拉德·皮特。

但最后，当布拉德·皮特看到这些照片时，很可能会吓一跳。在照片中，他看起来就像一个脱水的、癫痫症发作的卡西莫多[①]。这就是马拉松比赛摄影师的魔力。如果卖马拉松照片的人够聪明的话，他们应该倒过来向被拍照的人收钱，以保证不把他们的照片流传出去。

这么说来，你还要购买那些比赛照片吗？当然，越大越好！

① 雨果著作《巴黎圣母院》中相貌无比丑陋的钟楼怪人。——编者注

守则 2.39

Everything a runner needs to know, and then some

你人生中应该至少跑一场终点位于体育场里的比赛

说真的，那挺重要的。

Note

守则 2.40

Everything a runner needs to know, and then some

遵守体育场的规则

经验法则：如果你必须以翻栏杆或者从门缝中挤进去的方式进入，那就不要去体育场跑。

什么？你说这些体育场属于公立学校，而你为此纳税了？对不起，以税金修建的很多设施都是禁止平民百姓进入的。比如说，白宫。

认为里面没有人，把这么好的场地浪费了简直就是犯罪？和那个把场地锁起来，并贴上“禁止进入”标志的人去说吧。

如果你想要在体育场训练，联系当地的学校，并得到他们的允许吧，他们很可能会同意的。或者通过你家附近的跑步俱乐部申请进入，他们很可能有公共体育场的准入清单。

守则 2.41

Everything a runner needs to know, and then some

在内道跑，在外道恢复

就像在高速公路上开车一样，跑道上的规则也是为了使人们的行为能被预测，因而能保证大家更安全。最基本的、普遍的规则是：速度快的在内道跑，慢跑或者走路的靠外道。

Note

守则 2.42

Everything a runner needs to know, and then some

不要大喊大叫

是的，我们知道，肾上腺素和乳酸就像你血管里的电池一样使你心潮澎湃，但是，请保持礼貌。当你超过在跑道上慢跑或快走的人时，没必要咆哮“靠右”或者“靠左”。

大喊大叫只会使情况更糟，99% 的人都不知道你在喊什么，很可能会转过身，并很困惑地跟你撞个正着。

如果跑道真的那么拥挤，而你也确实害怕发生冲撞，在跑过去之前提醒他们你的存在就好：清清嗓子，咳嗽一下。

跑过的时候，给那些慢跑者留出足够的空间。这对你们俩都好。谁知道呢？或许有一天，你会成为那个“挡路”的。

守则 2.43

Everything a runner needs to know, and then some

不要在跑道上吐痰

请忍住。如果办不到，至少吐在草地里，或者吐在那些大喊大叫“靠左”、“靠右”的人身上。

（我开玩笑的。）

（也不见得。）

Note

守则 2.44

Everything a runner needs to know, and then some

做个人肉节拍器也挺有趣

在操场上跑步很单调，但也会有成就感，如果你有足够的耐心去发现其中的乐趣。如何才能有成就感？成为一个人肉节拍器。

我的意思是，学会感受你的配速，直到你达到400米、400米地跑时，每个分段速度都精准得可怕，甚至不用看手表的程度。

这不太容易做到，取决于你在操场上跑步的频率，以及你有多自律；你也可能一直都做不到。但对那些愿意投入时间训练的人来说，练就这样的能力是很好的。

当然，你也可以借助手表——开始的时候，每200或400米一次。渐渐地，你就会注意到自己每一组跑步花费的时间越来越接近一个恒定的数值。很快，你就会发现不用看表也能把时间控制在这个数值上了，或者只有很小的出入。

这意味着你对配速的感觉更好了，而你所有的努力也都有了回报，那感觉好极了。

对我来说，只是觉得那样很酷而已。

守则 2.45

Everything a runner needs to know, and then some

训练完之后，把赛道擦干净，给下一个跑者使用

我开玩笑的。

The RUNNER'S RULE BOOK

装备

跑步时该怎么穿？

这个章节会涉及：遮阳帽、短款短裤 VS 长款短裤、比赛服的礼仪、新鞋的味道、衣橱的多样性及其他。以及，是否该穿纯棉衣物？

守则 3.1

Everything a runner needs to know, and then some

称它们为跑鞋

它们不是运动鞋，不是网球鞋，不是足球鞋，也不是训练鞋。它们是跑鞋，所以请尊称它们为“跑鞋”。

Note

守则 3.2

Everything a runner needs to know, and then some

在你把新跑鞋从鞋盒中取出之前，先闻一下

打开鞋盒，把包装纸扯开，凝视这双崭新的跑鞋。把鞋盒举到面前，然后深吸一口气。

嗯……嗯，你闻到了……“潜能”，当然也可能有甲醛或是别的什么味道，但是最多的还是“潜能”的味道。

守则 3.3

Everything a runner needs to know, and then some

别穿得像个忍者

你知道我在说什么：那些从头到脚都身着黑色的人，包括黑色紧身服、黑色T恤或外套、黑色手套、黑色帽子。

似乎跑者都一窝蜂地穿成这样，甚至在夜晚和能见度很低的时候也是如此。而且我注意到，这现象年复一年，越来越流行。

而这还只是我所看见的。

住在曼哈顿的时候，我第一次注意到这股潮流。随后，一袭黑衣就成为了纽约客们（New Yorkers）[①] 约定俗成的装束，并在纽约跑者中传播开，成为他们唯一合理的装束，即便是在夜里，甚至是在那些疯狂的自行车快递员和不停用手机聊天的出租车司机旁边跑步时。

现在这个风潮好像还在蔓延。为什么呢？

是因为黑色显瘦？耐脏？还是因为这让其他跑者更显得脑残？（我应该与晚上9点跑过我身边的隐形跑者说点儿什么？比如："朋友，你知道你穿的是正宗的夜间伪装服么？很多汽车可都有2吨重哦！"）

① 作者此处是以此代指纽约街头的潮人们。——编者注

也许，最简单的解释就是最正确的：这些人都不是跑者，他们是真正的忍者，只不过正在做长跑训练。

如果是那样的话，我想还是随他们去吧……

守则 3.4

Everything a runner needs to know, and then some

与你的跑步短裤和平共处

跑步短裤是谦和指数的风向标。

一种礼貌的表达方式是：关于跑步短裤，想长就长，想短就短，穿所欲穿。我们对此不作评论。

跑步短裤的长度与裙边或领带的宽度不同，它从来不是一个关于时尚的话题。穿短款短裤还是宽松长款短裤，或者居于两者之间的短裤，这些一直都是个人选择。

如果你喜欢短款短裤带来的运动自由度，而你的腿也够美，那就选择短款短裤。毕竟没有比短款短裤更适合做劈叉的裤子了。

当然，如果你想将大腿的上半部分包在尼龙或是聚酯纤维里以保持神秘，那么长款的宽松款裤子才是你的正确选择。它会赋予你更多的力量。

顺便说一下，短款短裤并不会有助于提升速度。尽管很多跑步健将都穿着短款短裤（或是那些皮肤紧实，臀部娇俏的女性），但穿超短的跑步短裤并不能让你跑得更快。

守则 3.5

Everything a runner needs to know, and then some

将比赛 T 恤留到赛后穿

穿一件官方的比赛 T 恤去参赛如同穿着一件 U2[①] 的 T 恤去听 U2 的演唱会。

一点儿也不酷，快别这么干了。

Note

① U2 是一支成立于 1976 年的爱尔兰都柏林摇滚乐队。——编者注

守则 3.6

Everything a runner needs to know, and then some

棉袜是魔鬼

棉床单柔软可爱，棉裙子清爽精神，棉花糖让人口水直流。棉袜子？以上皆非——起码在你长距离跑的时候。尤其是天气又热又潮湿的时候，当你湿答答地跑一个小时之后，你会开始怀疑，你是不是真的身处丛林。

跑步的时候，还是选择合成纤维或羊毛袜子吧。

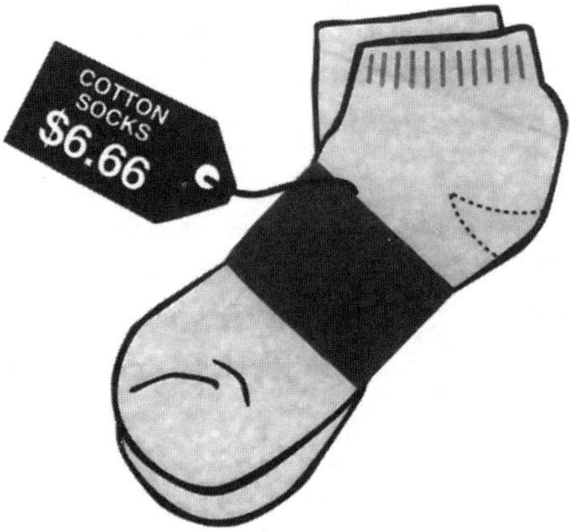

守则 3.7

Everything a runner needs to know, and then some

裤带松了就是松了

男人们，这篇是写给你们的。

你花了大价钱买了那些跑步短裤，你也喜欢那些跑步短裤，你穿着它们经历过严寒酷暑、烈日骤雨、翻山越岭，你可能还穿着它们创造过个人最好纪录。

但是，兄弟，请听仔细：迟早有一天，当你穿上它们时，之前的舒适紧身感会不复存在，取而代之的是松垮感。这就意味着，弹性已逝，松垮已现。

你企图不管不顾，依旧穿着它们继续跑么？

千万别，听我们一劝。

你懂的，接受现实吧。

守则 3.8

Everything a runner needs to know, and then some

知道何时何地才可以穿跑步装备

可以

- □ 在跑步时和比赛中
- □ 在跑步相关的展览会上
- □ 在健身房跑步时
- □ 在跑步用品商店里
- □ 在运动按摩的前、中、后阶段
- □ 在床上（为了第二天晨跑做准备，省下宝贵时间）

不可以

- □ 在教堂里
- □ 在婚礼上
- □ 在葬礼上
- □ 在法院
- □ 在唱诗班
- □ 在面试时
- □ 在划艇的时候（别问为什么，就是太奇怪了）

有时可以

- □ 在酒店的大堂里（在跑步之前）
- □ 在工作的时候（如果你是个知名跑者或私人教练，又或者你在《跑者世界》工作）
- □ 在野餐会的时候（如果你准备跑到野餐会，或者从那里跑回去，或者其他野餐会的参与者也都身穿跑步服装）
- □ 在超市（取决于你流汗和体味的散发程度）
- □ 在约会的时候，如果你的约会对象也是一个跑者，你们两个在跑步，或者准备去跑步

守则 3.9

Everything a runner needs to know, and then some

丰富你的衣橱

如果你准备出去跑步时，注意到你的帽子、上衣、手表、短裤、袜子和鞋子都来自同一个品牌，那么赶紧回家换掉一些。

好吧，除非你是一个专业跑者，那就没问题了。从头到脚都穿同一个牌子的装备，你要么是被这个厂商赞助的对象，或者这个企业的 CEO，要么就是明摆着叫大家来笑话你——好一点儿的是温和的玩笑，最糟糕的是那些毫不留情的嘲笑。就像你玩老虎机，玩出了一排耐克、阿迪达斯或美津浓一样。区别是，你得到的不是头奖，而是别人的傻乐。

几年前，我曾经看到一个在中央公园跑步的男人，总是一成不变地穿着斐乐牌（FILA）的衣服，而且只穿这个牌子。（他长得像烈焰红唇乐团（The Flaming Lips）里的韦恩·科恩（Wayne Coyne）[①]。哦，我离题了。）他看上去就像一个好人，我敢肯定他是个好人。但是，他看着太奇怪了，而且他跑得也不快。

如果你不在乎被人讥笑，那么就穿成个“老虎机”吧。否则，还是不要把同一个牌子的衣服全部穿在一起了。

① 烈焰红唇是美国一个摇滚乐团，成立于 1983 年。韦恩·科恩是该乐团主唱。——译者注

守则 3.10

Everything a runner needs to know, and then some

鸭舌帽是你最好的朋友

从跑步装备的角度来看，没有比购买一顶鸭舌帽更合适的了。不管是棉的还是合成纤维的，一顶鸭舌帽可以帮你遮阳光、保护你的眼睛、让雨雪不侵。团队约跑或是（因牙医约诊）起晚了时，都可以靠它来遮盖凌乱的发型。我不止一次在比赛和长距离跑的时候，把能量胶藏在帽子下面。这招屡试不爽，好用爆了！

如果你在城市路跑，你还能扬帽子招呼出租车呢。

买几顶吧，也许其中一顶还有《跑者世界》的 LOGO。

守则 3.11

Everything a runner needs to know, and then some

随时准备脱衣服

这条守则是关于穿得太多这一错误的。请，一定不要穿得太多。你不会想穿着短裤、长裤、打底衣、防汗服、背心、外套，戴着长手套、露指手套、羊毛帽子进行长距离跑的，尤其是在 8 月这样的季节。

当然了，脱总比穿要容易些，特别是在起跑 15 公里后。当然，你还是可以穿得比你需要的暖和一些，然后处理那些脱下的衣服。诸如：“帽子是不是可以折叠塞到腰带里呢？”“外套是不是可以扎在腰上呢？”对于此类问题，事先想好解决方案。

守则 3.12

Everything a runner needs to know, and then some

不要批评身着全棉T恤的跑者

根据古代的山洞壁画来看，古人是穿着全棉衣服跑步的。

有些古人甚至很享受穿着全棉衣服跑步。这很奇怪，却是事实。

快进到现代，我们有了“高科技”，我们的衣服材质有了排汗功能，能快速排走皮肤表面的水分、保持身体干燥和舒适。另外，穿着排汗服看上去也很酷，就像是没有上班的宇航员出来喝一杯的样子。

所以啊，每个人都喜欢排汗服。

但是，有时候我们还是会见到那些身着全棉衣服跑步的老古董跑者，有时他们穿的甚至是那种已经很少见的全棉跑步汗衫。基于以下原因（至少是以下两点原因），请尊重这样的跑者：

- 这位跑者的跑龄很可能比你大得多，而且哪怕他现在跑得不如你快，也很可能曾经跑得比你快；
- 因为衣着而嘲笑别的跑者是很差劲的行为，这会让你比你嘲笑的人看上去更可笑。再说，嘲笑别人本来就不是件光彩的事。

另外，也许有一天——如果你足够幸运，你自己也可能成为一名老古董跑者，如果别人对你的排汗服也嗤之以鼻，你又会作何感想呢？

守则 3.13

Everything a runner needs to know, and then some

如果拿不准，就戴上手套和帽子

外面是不是很冷？戴上手套和帽子吧。

只是稍凉一点儿？戴上手套和帽子吧。

我向你保证：你一定不会后悔戴上手套和帽子，你只会为没有戴而后悔。

你就戴上手套和帽子吧！

Note

守则 3.14

Everything a runner needs to know, and then some

如果拿不准，还是穿宽松长裤吧

紧身裤是个奇妙的东西，但不是每个跑者都适合穿紧身裤。

对初级跑者来说，把自己穿得像个超人，也会有明显的身体结构上的问题。事实是：并非每个人的身材都适合紧身裤的剪裁方式。尤其对男性跑者来说，穿紧身裤……咳咳，很容易暴露耶！

尽管有以上种种麻烦，紧身裤还是非常舒服的，穿着它就像多了第二层肌肤一样自然。它会帮助你收紧你的肌肉，并且很容易显现出你成功练出来的大块肌肉。

但是不合适的人穿着紧身裤会是一次事故。

经验：如果你问自己是不是要穿紧身裤，那……还是不要穿吧。

5招面对挑衅的神回应

路人：阿甘，快跑！

回应：走到路人甲面前，面无表情地念一句电影《阿甘正传》（*Forrest Gump*）里的台词，比如："生活就像一盒巧克力，你永远不知道下一块是什么。"［要点是：不要眨眼。］重复念台词直到路人甲自己觉得不爽并悻悻地走开。如果时间允许，跟在他后面继续念汤姆·汉克斯（Tom Hanks）的其他电影台词。

路人：哇哇！美腿！

回应：至少我还有腿。［注意：上述回复仅适用于无腿人士。］

路人：好赞的短裤！

回应：先判断一下对方是否真心点赞，如果是，回一句同样的真心的点赞，比如：哇哇！好赞的美腿！

路人：快跑，快跑！

回应：停下来向路人解释，你也想跑得更快，但是因为周四要跑10公里节奏跑，周三还有交叉训练，所以今天只是跑个6公里轻松跑，而你还处在周日的20公里长距离跑后的恢复中，实际上你那天跑了22公里，因为上周日少跑了而感到内疚，所以把欠下的距离补上了。如果路人依然唠唠叨叨，那就试着跟他解释一下什么是“法特莱克训练法”（fartlek）[①]。

路人：闪开！

回应：糊弄地来一句法文，比如“Je ne parle pas Anglais”[②]。如果对方也用法文回答你，那你算是遇到对手了，还是闪开吧！

---

① “法特莱克”是瑞典人发明的一种速度游戏，是一种快速跑和慢跑交替的长距离训练方法。——译者注

② 意思是“我不会说英语”。——译者注

The RUNNER'S RULE BOOK

得失

老鸟的经验之谈

1. 如果你看到一个没人排队的厕所，那么就去解决一下，即便你并不着急。

2. 如果你有疑问："这个司机看得到我吗？"那么答案是："看不到。"

3. 如果你有疑问："短裤是不是太短了？"那么答案是："是的。"

4. 在为比赛打包时，如果你有疑问："我需要带这个吗？"那么答案是："带着吧。"

5. 冬天跑步时，如果天气晴朗，那么地就会很滑。

6. 如果在你旁边跑步机上的人可以辨认出你听的是什么歌，那么音量就太响了。

7. 可以用你跑完半程马拉松的时间的 2 倍再加上 10 分钟来预测你的马拉松完赛成绩。

8. 不要从补给站的第一个桌子上拿水喝。

9. 冬天跑步时，如果你在开始跑之前就已经很暖和，那么你一定是穿得太多了。

10. 不要按摩过多。

11. 一个诱人的甜甜圈＝ 3 公里。

12. 在赛前减量期间，能坐着就不要站着，能躺着就不要坐着。

13. 渴了就喝水。

14. 如果你在终点呕吐了，那说明你跑得太尽力了，或者说足够尽力了。

15. 越昂贵的车，越不会来欺负你。

16. 同等情况下，在跑步机上跑要比在马路上跑省力。

17. 如果可能，在刮风天跑折返跑。

18. 跑后一个小时内，多补充碳水化合物和蛋白质。

19. 如果你在轻松跑时还是无法持续聊天，那么再跑慢一点儿。

20. 在现实世界中，汽车有优先行驶权。

21. 你几乎从不会为出去跑了而后悔，但你几乎总会为没有去跑而后悔。

22. 生病？如果症状只出现在脖子以上，那么你可以继续跑。

23. 如果你可以不解开鞋带就脱下跑鞋，那么你的鞋带没有系紧。

24. 跑完一场比赛后，每跑 1.6 公里就需要恢复一天。

25. 如果你的双脚同时离地，那么你就是在跑步。

26. 跑后拉伸——而不是跑前。

27. 不是每个看上去跑得很快的人都跑得很快，也不是每个看上去跑得很慢的人都跑得很慢。

28. 因为特价而去买跑步装备是一个错误的选择。

29. 在比赛前剃头发能让你觉得自己跑得比之前快了 8%。

30. 亲自观看一场马拉松赛是激励你报名参加下一场马拉松赛的动力。

31. 长袖上衣加短裤看起来要比短袖衫加紧身裤好得多。

32. 带上自己的计时芯片去参加比赛，就如同带着自己的台球杆去酒吧。

33. 如果伤病严重到影响了正常的跑步，那么这个阶段就不要跑。

34. 不要在你的运动包上或包里放太多安全别针。

35. 每周多增加的跑步距离不要超过 10%。

36. 冬天跑步时，男士们绝不会后悔选择防风内裤的。

37. 比赛前一晚大家都睡不好，所以比赛前一晚的前一晚就非常重要了。

38. 第一个跑到山顶的跑者通常是团队中最强壮的。

39. 最后一个跑到山顶的跑者通常是团队中最有趣的。

40. 不要穿平底马拉松竞赛鞋，除非你有能力驾驭它。

41. 如果你还“需要”音乐才能跑下去，那么你还是不得要领。

42. 在长距离跑时，即使不需要也最好带一点儿纸巾，总比需要的时候没有好。

43. 如果要戴吸汗头带，就好好地戴。

44. 跑步时保持上身放松，想象你两只手里各握着一片薯片。

45. 你跑步时穿的衣服，不要使用干衣机烘干。

46. 越短距离的比赛，热身越重要。

47. 如果马路上热闹到让你怀疑是不是会被允许在这里跑步，那么就不要在这条路上跑。

48. 有两种跑者在终点会高举双臂庆祝胜利：跑了第一名的跑者、那些跟第一名相去甚远的跑者。

49. 没人从头到尾看过电影《火战车》（*Chariots*）[①]，拍电影的人估计也没看全过。

---

① 《火战车》是一部讲述两位奥运跑步健将的励志电影。——译者注

50. 如果广播说比赛是“技术性”的，它的意思就是“慢”。

51. 如果你有那么点儿介意被称为“慢跑者”而不是“跑者”……那么，你就是一位“跑者”。

52. 介意自己有没有化妆的女跑者不会跑得很快。

53. 介意自己有没有化妆的女跑者也不介意自己跑不快。

54. 一天中最好的跑步时间是你实际上能够去跑步的时间。

55. 可以的话，选择一位自己也是跑者的保健医生。

56. 选择牛顿牌无花果卷[①]是不会错的。

57. 不要在早上去买跑鞋，在下午或晚上去买。（一天当中你的脚会逐渐膨胀。）

58. 实践出真知。

59. 穿带内衬的短裤就不需要穿内裤了。

60. 贵重的东西不要放在比赛寄存包里。

61. 比赛要用的重要装备不要放在托运行李中。

62. 在补水站，用眼神感谢递给你水的人。

63. 跑步时胫骨不舒服可以接受，如果走路时也不舒服那么就有问题了。出现这种情况就要去看医生了。

64. 健康来得不易，毁得快。

---

① 牛顿牌无花果卷（Fig Newtons），是一种无花果馅的点心。——译者注

65. 如果你从来没有状态“差”的日子，那你很可能是哪儿有问题；如果你从来没有状态“好”的日子，那你一定是哪儿有问题。

66. 如果你跑得轻松，那就轻松跑；如果你跑得吃力，那就尽力跑。

67. 上坡时你跑得越快，就会觉得坡越陡。

68. 在下雨天跑同样的路线，比在晴朗的天气里跑会让你觉得自己更坚强。

69. 越是经常看表，你就越觉得跑步时间长。

70. 每一条经验都有例外——除了这一条。

Note

专属福利

一本跑者随身指导手册，包括表格、清单、方法、跑者手势指南和一个我们称为尿尿坐标系的东西。

安全锦囊：避开 14 类跑者的雷区

名称	显著特点
速度狂魔	板寸头。超短短裤。马拉松竞速鞋。一只眼睛抽搐。
周末勇士	长筒袜。上腹部微凸。露齿而笑。头戴式耳机。
企鹅	缓慢迟疑。佩戴腰包。
慈善跑者	无私。眼泪汪汪。注重搭配的全套装备。
超级跑者	又瘦又黑。安静。硬如钉子。
宽松短裤少年	年轻。笨拙。松垮，甚至过膝的短裤。
牢骚狂	无规律地、间歇性地大声抱怨。
冲刺王	没什么特别……直到他（她）突然张开紧闭的双唇，高举双手在比赛的最后 100 米冲刺。
老古董	褪色的全棉 T 恤，上面写着“1981 年桃树杯 10 公里”。脖子上切除黑色素瘤的刀疤。闪烁的眼神。不带什么小配件。上了年纪。
铁三选手	铁三文身。紧身衣，多数带着赞助商的名字。相对而言上半身比较强壮。淡淡的氯气味道。
搭配控	每一件衣服和装备都来自同一厂商，每一件。
在马拉松展会上看到的人	嘿！你在昨天的展会上也看到他了！
怪家伙（装扮上或是别的方面）	装备着“天线”的头带、超大的新奇太阳眼镜、牛仔帽、苏格兰短裙、超人服装，等等。一个来“享受比赛乐趣”的糟糕决定。
普通跑者	没有。

危险吗？
当你挡了他们的路时。
当你开他们袜子的玩笑时。
当你开约翰·宾汉姆[①]的玩笑时。
不危险……除非你是反“意识形态”的。
除非你是一顿“畅吃”的自助早午饭。
不危险，但他们可能不用出汗就能秒杀你。
你想接近他（她）试试看吗？
如果你挡着他（她）举起的手臂了，老天保佑吧！
一点儿都不危险。这些人都很好。
当你嘲笑他们的紧身衣时。
不危险。很温和……但很古怪。
不危险，除非他同时还是冲刺王。
不太危险，不过有时候你可能会有些担心这家伙会来咬你。
很危险。

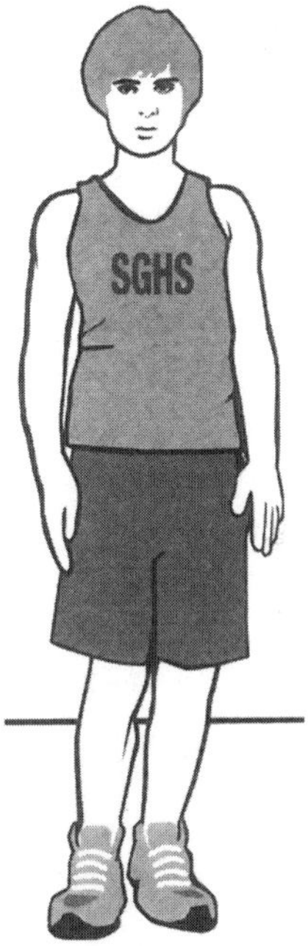

宽松短裤少年

① 约翰·宾汉姆（John Bingham）是美国马拉松选手和作者，绰号“企鹅”。——译者注

尿尿坐标系

何时何地去……取决于紧急程度和人群密集度。

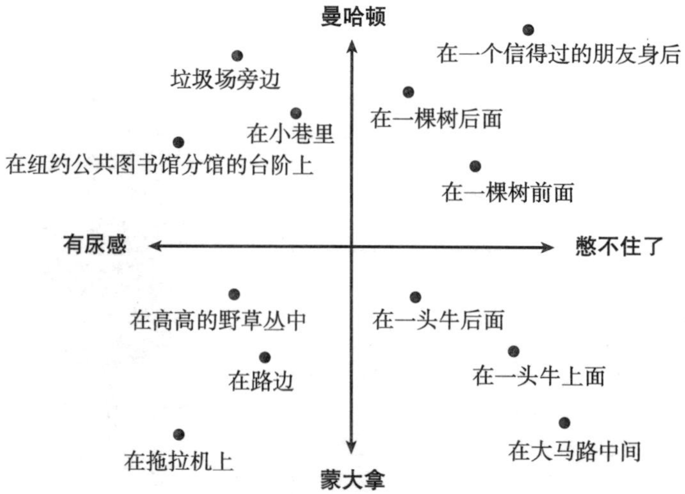

跑步品牌的翻译指南

品牌	翻译
Adidas	阿迪达斯
Asics	亚瑟士
Etonic	因托尼
Fila	斐乐
Karhu	卡虎
Mizuno	美津浓
New Balance	纽百伦
Nike	耐克
Pearl Izumi	一字米
Polar	博能
Puma	彪马
Salomon	萨洛蒙
Saucony	圣康尼
Sunnto	颂拓

跑者手势指南

摩托车司机通常听不见你说话。如果你想向他们传达信息，那么你需要使用手势。

礼貌地将手掌向前＝“你好。”/“谢谢你为我减速 / 留出空间。”/“我没有恶意。”

将手掌向下压＝“兄弟，这里限速 50 公里。”

双手手掌向上并耸肩＝“我也看到了那个愚蠢的司机，我也不知道他为什么这么做。”

剪刀手，也就是胜利手势＝“你好，你也是户外达人啊。”①

我知道你现在在想什么。我们漏了跑者中最流行的手势：高高举起一个手指。确实，没有这个手势，手势指南就不完整了。所以，现在完整了……

① 面前闪过的车顶行李架，“42.195”的车贴，司机戴着奥克利［著名运动眼镜品牌。——译者注］眼镜，或者其他类似的东西；或者司机先向你做剪刀手，或者举起拳头。

5个保证能让跑者不淡定的话题

1. 在马拉松比赛中走路，好还是不好？

2. 戴着耳机跑步，好还是不好？

3. 跑超长距离，好还是不好？

4. 赤足跑，好还是不好？

5. 慈善跑者，好还是不好？

5个跑者可以哭的时刻

1. 完成了第一个马拉松时

2. 完成了第一个波士顿马拉松时

3. 第一次波士顿马拉松达标时

4. 差一点达标波士顿马拉松时

5. 进行深层组织按摩的时候

5首标题与跑步有关的好歌

1. *Born to Run*, Bruce Springsteen

2. *I Ran*, Flock of Seagulls

3. *Runnin' with the Devil*, Van Halen

4. *Run Like Hell*, Pink Floyd

5. *Running to Stand Still*, U2

The RUNNER'S RULE BOOK

致谢

对于本书的问世，很多人给予了直接或间接的帮助，在此我无法一一列出他们的名字。但在这里我还是要特别感谢一些人：我在《跑者世界》杂志的第一位老板安比·伯富特（Amby Burfoot）以及我的现任老板大卫·韦利（David Willey）。我的编辑考特尼·康罗伊（Courtney Conroy），她不但容忍了我那些间歇性的笑话，还给了很多鼓励。美术指导克里斯·罗兹（Chris Rhoads）和插画师托德·德特韦勒（Todd Detwiler），他们把这本书做得比我想象的还要漂亮。巴德·科茨（Budd Coates），在他的训练和鼓励下，我跑出了一次又一次个人最好成绩。约翰·李维斯（John Lewis），他曾对一个迷茫的学生说："写作是你的使命。"已故的J.I. 罗代尔（J.I. Rodale），感谢他在几十年前创办了一家旨在帮助人们生活得更好、更健康的出版公司，于是像我这样的古怪跑者如今才能得到出书的机会。我还要感谢整个罗代尔家族坚持不懈地保持着罗代尔公司的特色。

还有，绝不能忘了感谢每一个曾跟我一起并肩跑步和共同比赛的人。虽然你们可能没有意识到，但是我一直记着你们。

最后，我要感谢所有《跑者世界》的同事，你们是我见过最棒、最有激情的一群人，能够每天跟你们一起工作是我的荣幸。

谢谢你们！

译者后记

起初看到《跑步的197条守则》书名的时候，我还有些不以为然。都说跑步是最简单最自由的运动，当然是想怎么跑就怎么跑了，哪里需要什么守则呢?

然而，正如作者马克·里米在书中写到的：我们并不是在“理想状态下”跑步。我们在这个真实的世界里跑步，会遇到各种各样的状况和各种各样的人，所以如同生活一样，我们在跑步时也需要具备一些“常识”，这些“常识”对于资深跑者来说可能已经习以为常甚至都无从觉察，而对于刚刚起步的新手来说，却可能需要通过较长时间的摸索才能悟出这些“常识”。而马克·里米将自己多年跑步经验中积累的“最重要的小事”记录下来集结成册，让跑步新手在阅读本书后就能迅速地“入行”。

即便是资深跑者，我相信一定也可以从书中发现很多自己思量了很久也没有找到答案的问题，比如：“偶遇跑步大神时可以做什么？”更大的乐趣可能还在于发现一个个自己一路跑来悟出的答案居然跟作者“英雄所见略同”。

市面上的跑步书籍大多是关于跑步训练或跑者故事的，还从没有一本书像《跑步的197条守则》这样给跑者提供事无巨细五花八门却又极其实用的指导和贴士。有些是你开始跑步后难免会深受困扰的问题，比如：“该怎么和你的黑趾甲相处？”“下雨天要不要跑步？”“赛前睡不好怎么办？”也有些问题你甚至会觉得不好意思问，比如：“跑步时想放屁怎么办？”“比赛时想尿尿却没有厕所怎么办？”还有些贴士超级实用，比如：“跟比自己快的人一起约跑时，该放什么大招？”“如何制订比赛打包清单？”以及关乎跑者道德和礼貌的问题，比如：“该不该在比赛中蹭跑？”“跟非跑者聊天要如何适可而止？”等等。

除了细心地收集整理这些小贴士，马克·里米还以自己强大的总结能力总结了值得珍藏和平时可以反复查阅的70条“老鸟的经验之谈”、14类跑者应该避开的雷区，还有我很想制作成海报贴在墙上的“尿尿坐标系”。

同样精彩的还有马克·里米的幽默，与他的第一守则“跑得开心”一样，显然他也希望大家能够“读得愉快”。然而他讲的一些笑话在翻译时可是个大难题，需要了解一些背景知识和美国文化才能领会。首先，我尽量按照中国读者的阅读习惯去翻译（比如英里全部换算为公里），一些有典故的我也加了注解，因而阅读本书除了可以了解跑者“常识”之外，也能够了解其他知识，真可谓“一箭双雕”啊！尽管如此，中美跑步文化和比赛仍存在一些差异，希望有一天也能有一本由中国跑者写的纯中国版《跑步的197条守则》，其中一定可以补充更多的指导和贴士，比如“吃赛后食物一定要小心”，因为我就曾吃到过发霉的赛后小点心。

本书的翻译也得到了我的朋友王焱、王佳以及我在“42旅”的同事贾诚文、王雅萍的帮助，在此一并表示感谢。

The RUNNER'S RULE BOOK

编者后记

跑向阳光地带，迎接丰盛人生

在当下，如果说哪项运动最火热，那答案可能只有一个：跑步。

跑步能让我们强健体魄，能让我们的生活变得更加充实。跑步所带来的最持久的好处，要远远超过终点线上所记录下的任何成绩！在今天，跑步这项古老的运动，被赋予了全新的魅力，它不仅仅是一个能够引起广泛关注的话题，更代言着一种坚持不懈、全情投入且永不言弃的精神。

湛庐，乐跑人生

2011 年的时候，湛庐人敏锐感觉到，越来越多的人开始喜欢跑步，这预示着一种新的生活方式即将到来，而这和湛庐一直倡导的从商业到生活，从思想的变化到行动的改变不谋而合。湛庐想要帮助大家更好地了解这项运动，科学地参与到这项运动中，了解这项运动背后所蕴含的丰富意义，为此形成了全方位、科学指导跑友的选题框架，一举拿下了国外历经几十年发展而得到公认的优质跑步图书，打算以图书作为媒介，向国内的跑者系统地介绍这项运动。按照一般的出版流程，接下来就是要寻找合适的译者，尽快出版图书并推向读者。

在这个过程中，湛庐文化的老朋友、在国内积极推动跑步的马拉松爱好者田同生老师给湛庐提了个问题：“你们自己不跑步，怎么能将跑步的书策划好呢？”这句话给湛庐的管理层提了个醒：“自己不跑步，怎么知道跑步的乐趣？怎么才能知道跑友的感觉呢？既然这是一种更为健康的生活方式，那么为什么自己不参与其中呢？”

从那时开始，湛庐的管理层便在董事长韩焱和陈晓晖的带动下开始跑步，从100米、500米开始，到5公里、10公里，再到半程马拉松、全程马拉松；从奥森公园到北京马拉松，从北京到厦门、烟台、上海、柏林、东京、首尔、夏威夷……湛庐人开始加入跑步队伍，并且疯狂地爱上了这项运动。如今，湛庐大部分员工都在跑步，已经有一半的人参加过马拉松，公司高管已经全部完成了全程马拉松。

喜欢跑步的人就是这么任性！跑步改变了公司，跑步也改变了湛庐人。每多跑一公里，每多接触一位跑者，每多参加一场赛事，每多参与一次跑步活动……我们都在不断地收获着点点滴滴。

独跑，不如众跑

当然，奔跑在路上的不只我们。

“百马大叔”田同生、哈佛大学运动专家约翰·瑞迪、跑步界的哲学家乔治·希恩、全世界最棒的教练杰克·丹尼尔斯、革命性跑步法太极跑创造者丹尼·德雷尔、《天生就会跑》作者教练埃里克·奥顿……湛庐乐跑人生系列中的每一位作者都是跑者。

不仅如此，我们还邀请了 UrWork（中国）创始人，万科集团原高级副总裁毛大庆、央视名嘴于嘉、《篮球报》总编辑谭杰、田径协会马拉松委员会委员吴洪涛等国内知名的跑步大咖担纲翻译，竭力精彩呈现每一本书。

在每一本书的打造过程中，我们也不断在跟读者一起分享着跑者们的精彩故事。一个微笑、一个拥抱、一声鼓励，秦皇岛马拉松、上海马拉松、联想乐疯跑、李宁 10KM 赛、万科城市跑……大家从陌路变成朋友，渐渐成为彼此的依靠！在这些人的故事的启迪下，越来越多的人也开始用跑步追寻更好的自己，用跑步打造更美好的企业！

跑者是孤独、刻苦的，由于苦行僧式的生活，使得其他人不太容易理解跑者的世界。可当真正参与，哪怕从百米开始，我们也会慢慢发现，这个“长、远”的梦中承载的深刻的意义。

独跑，不如众跑！我们会在乐跑人生的路上等你，陪你一起开启一次寻找个人生活意义的生命之旅！

湛庐乐跑人生系列图书
国内首套全方位跑步书系

《马拉松训练宝典》

《跑者世界》历时 3 年、“亚索 800”发明者亚索领衔打造。

《太极跑：不费力、无伤害的革命性跑步法》

跑圈最盛行的三大跑法之一，20 多万跑者亲身实践。

《百马人生，从 55 岁开始》

国内第一本原创跑步绘本，“百马推手”田同生励志之作！

《动起来更聪明：运动改造大脑（亲子版）》

一本引领青少年动起来的革命性读物，源自哈佛医学院超过 20 年的潜心研究。

《跑步圣经：我跑故我在（35 周年纪念版）》

连续 10 周登上《纽约时报》畅销书排行榜，陪伴 5 000 万美国人一生的精神读本。

《丹尼尔斯经典跑步训练法：世界最佳跑步教练的跑步公式》

三大经典跑法之“乳酸门槛跑”首度详尽阐释。

《酷能跑步营：7 天重塑跑步人生》

《天生就会跑》作者克里斯托弗·麦克杜格尔的教练倾情力作！从脚部力量训练开始，缔造跑步奇迹！

《百马人生，跑向波士顿》

国内第一套原创跑步绘本，“百马人生系列”之世界马拉松大满贯第一部！

《奔跑的力量》

一场最完美最真实的自我之战，一次寻找个人生活意义的生命之旅！我们不要沉静绝望的生活！

《朝圣波士顿马拉松》

中国跑友献礼世界马拉松大满贯明珠之作！UrWork（中国）创始人毛大庆担纲翻译。在全球跑者朝圣的殿堂，准备另一个全新的开始！

《跑步时该如何呼吸》

《跑者世界》2013 年“年度贴士”。为你打造革命性跑步呼吸方法，让你同身体一起在韵律中奔跑。

Marathon, 4th Edition

著名教练、“百马王子”哈尔·希格登全力打造！最有名的、跑圈使用人数最多的进阶培训计划。

湛庐文化获奖书目

《大数据时代》

国家图书馆“第九届文津奖”十本获奖图书之一
CCTV“2013 中国好书”25 本获奖图书之一
《光明日报》2013 年度《光明书榜》入选图书
《第一财经日报》2013 年第一财经金融价值榜“推荐财经图书奖”
2013 年度和讯华文财经图书大奖
2013 亚马逊年度图书排行榜经济管理类图书榜首
《中国企业家》年度好书经管类 TOP10
《创业家》“5 年来最值得创业者读的 10 本书”
《商学院》“2013 经理人阅读趣味年报 · 科技和社会发展趋势类最受关注图书”
《中国新闻出版报》2013 年度好书 20 本之一
2013 百道网 · 中国好书榜 · 财经类 TOP100 榜首
2013 蓝狮子 · 腾讯文学十大最佳商业图书和最受欢迎的数字阅读出版物
2013 京东经管图书年度畅销榜上榜图书，综合排名第一，经济类榜榜首

《爱哭鬼小隼》

国家图书馆“第九届文津奖”十本获奖图书之一
《新京报》“2013 年度童书”
《中国教育报》“2013 年度教师推荐的 10 大童书”
新阅读研究所“2013 年度最佳童书”

《牛奶可乐经济学》

国家图书馆“第四届文津奖”十本获奖图书之一
搜狐、《第一财经日报》2008 年十本最佳商业图书

《影响力》（经典版）

《商学院》“2013 经理人阅读趣味年报 · 心理学和行为科学类最受关注图书”
2013 亚马逊年度图书分类榜心理励志图书第八名
《财富》鼎力推荐的 75 本商业必读书之一

《影响力》（教材版）

《创业家》“5 年来最值得创业者读的 10 本书”

《大而不倒》

《金融时报》· 高盛 2010 年度最佳商业图书入选作品
美国《外交政策》杂志评选的全球思想家正在阅读的 20 本书之一
蓝狮子 · 新浪 2010 年度十大最佳商业图书，《智囊悦读》2010 年度十大最具价值经管图书

《第一大亨》

普利策传记奖，美国国家图书奖
2013 中国好书榜 · 财经类 TOP100

《卡普新生儿安抚法》（最快乐的宝宝 1·0~1 岁）

2013 新浪“养育有道”年度论坛养育类图书推荐奖

《正能量》

《新智囊》2012 年经管类十大图书，京东 2012 好书榜年度新书

《认知盈余》

《商学院》“2013 经理人阅读趣味年报 · 科技和社会发展趋势类最受关注图书”
2011 年度和讯华文财经图书大奖

《神话的力量》

《心理月刊》2011 年度最佳图书奖

《真实的幸福》

《职场》2010 年度最具阅读价值的 10 本职场书籍

湛庐文化
Cheers Publishing
a mindstyle business 与思想有关

湛庐，与思想有关……

如何阅读商业图书

商业图书与其他类型的图书，由于阅读目的和方式的不同，因此有其特定的阅读原则和阅读方法，先从一本书开始尝试，再熟练应用。

阅读原则1 二八原则

对商业图书来说，80% 的精华价值可能仅占 20% 的页码。要根据自己的阅读能力，进行阅读时间的分配。

阅读原则2 集中优势精力原则

在一个特定的时间段内，集中突破 20% 的精华内容。也可以在一个时间段内，集中攻克一个主题的阅读。

阅读原则3 递进原则

高效率的阅读并不一定要按照页码顺序展开，可以挑选自己感兴趣的部分阅读，再从兴趣点扩展到其他部分。阅读商业图书切忌贪多，从一个小主题开始，先培养自己的阅读能力，了解文字风格、观点阐述以及案例描述的方法，目的在于对方法的掌握，这才是最重要的。

阅读原则4 好为人师原则

在朋友圈中主导、控制话题，引导话题向自己设计的方向去发展，可以让读书收获更加扎实、实用、有效。

阅读方法与阅读习惯的养成

（1）回想。阅读商业图书常常不会一口气读完，第二次拿起书时，至少用15分钟回想上次阅读的内容，不要翻看，实在想不起来再翻看。严格训练自己，一定要回想，坚持50次，会逐渐养成习惯。

（2）做笔记。不要试图让笔记具有很强的逻辑性和系统性，不需要有深刻的见解和思想，只要是文字，就是对大脑的锻炼。在空白处多写多画，随笔、符号、涂色、书签、便签、折页，甚至拆书都可以。

（3）读后感和 PPT。坚持写读后感可以大幅度提高阅读能力，做 PPT 可以提高逻辑分析能力。从写读后感开始，写上 5 篇以后，再尝试做 PPT。连续做上 5 个 PPT，再重复写三次读后感。如此坚持，阅读能力将会大幅度提高。

（4）思想的超越。要养成上述阅读习惯，通常需要 6 个月的严格训练，至少完成 4 本书的阅读。你会慢慢发现，自己的思想开始跳脱出来，开始有了超越作者的感觉。比拟作者、超越作者、试图凌驾于作者之上思考问题，是阅读能力提高的必然结果。

好的方法其实很简单，难就难在执行。需要毅力、执著、长期的坚持，从而养成习惯。用心学习，就会得到心的改变、思想的改变。阅读，与思想有关。

[特别感谢：营销及销售行为专家 孙路弘 智慧支持！]

我们出版的所有图书，封底和前勒口都有“湛庐文化”的标志

湛庐文化
Cheers Publishing
a mindstyle business 与思想有关

并归于两个品牌

财富汇　　心视界

找“小红帽”

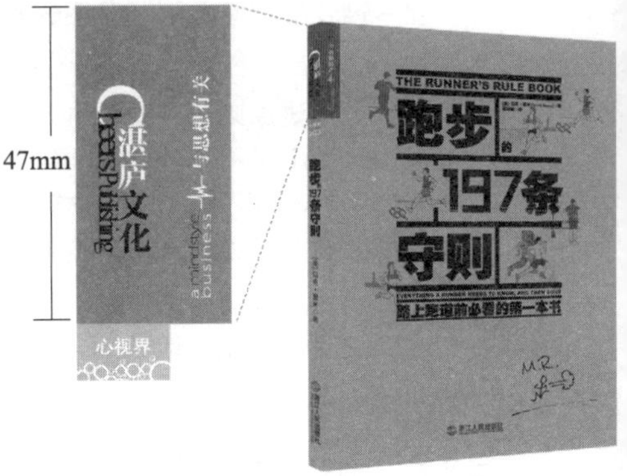

为了便于读者在浩如烟海的书架陈列中清楚地找到湛庐，我们在每本图书的封面左上角，以及书脊上部 47mm 处，以红色作为标记——称之为**“小红帽”**。同时，封面左上角标记**“湛庐文化 Slogan”**，书脊上标记**“湛庐文化 Logo”**，且下方标注图书所属品牌。

湛庐文化主力打造两个品牌：**财富汇**，致力于为商界人士提供国内外优秀的经济管理类图书；**心视界**，旨在通过心理学大师、心灵导师的专业指导为读者提供改善生活和心境的通路。

阅读的最大成本

读者在选购图书的时候，往往把成本支出的焦点放在书价上，其实不然。

时间才是读者付出的最大阅读成本。

阅读的时间成本=选择花费的时间+阅读花费的时间+误读浪费的时间

湛庐希望成为一个“与思想有关”的组织，成为中国与世界思想交汇的聚集地。通过我们的工作和努力，潜移默化地改变中国人、商业组织的思维方式，与世界先进的理念接轨，帮助国内的企业和经理人，融入世界，这是我们的使命和价值。

我们知道，这项工作就像跑马拉松，是极其漫长和艰苦的。但是我们有决心和毅力去不断推动，在朝着我们目标前进的道路上，所有人都是同行者和推动者。希望更多的专家、学者、读者一起来加入我们的队伍，在当下改变未来。

The runner's rule book: everything a runner needs to know, and then some / by Mark Remy and the editors of Runner's World.

图书在版编目（CIP）数据

跑步的 197 条守则 /（美）里米著；苏妍如译 . —杭州 ：浙江人民出版社，2015.6

ISBN 978-7-213-06765-5

Ⅰ.①跑… Ⅱ.①里… ②苏… Ⅲ.①跑–健身运动–基本知识 Ⅳ.①G822

中国版本图书馆 CIP 数据核字（2015）第 124320 号

浙江省版权局
著作权合同登记章
图字: 11-2015-111 号

上架指导：运动健身 / 马拉松

本书法律顾问　北京市盈科律师事务所　崔爽律师
张雅琴律师

跑步的197条守则

作　　者:［美］马克 · 里米　著
译　　者: 苏妍如　译
出版发行: 浙江人民出版社（杭州体育场路347号　邮编　310006）
市场部电话:（0571）85061682　85176516
集团网址: 浙江出版联合集团　http://www.zjcb.com
责任编辑: 金　纪
责任校对: 朱　妍
印　　刷: 北京鹏润伟业印刷有限公司
开　　本: 720 mm × 965 mm 1/16　　印　　张: 12
字　　数: 11.1 万　　插　　页: 1
版　　次: 2015 年 6 月第 1 版　　印　　次: 2015 年 6 月第 1 次印刷
书　　号: ISBN 978-7-213-06765-5
定　　价: 39.90 元